JN092790

本当のところどうなの？

本音がわかる！　仕事がわかる！

司法書士の「お仕事」と「正体」がよ～くわかる本

［第3版］

司法書士・行政書士
大越 一毅 著

秀和システム

●注意
(1) 本書は著者が独自に調査した結果を出版したものです。
(2) 本書は内容について万全を期して作成いたしましたが、万一、ご不審な点や誤り、記載漏れなどお気付きの点がありましたら、出版元まで書面にてご連絡ください。
(3) 本書の内容に関して運用した結果の影響については、上記(2)項にかかわらず責任を負いかねます。あらかじめご了承ください。
(4) 本書の全部または一部について、出版元から文書による承諾を得ずに複製することは禁じられています。
(5) 商標
「家族信託」は一般社団法人家族信託普及協会の登録商標です。

その他、本書に記載されている会社名、商品名などは一般に各社の商標または登録商標です。

プロローグ

司法書士ってどこにいる？

司法書士という言葉を聞いて、ピンと来る人は果たしてどれくらいいるだろうか。

「士」がつくので、士業という認識はあるかもしれない。大学の法学部出身だったり、法学部の大学生であったりすれば、名前くらいは聞いたことがあるし、法律系の資格だという認識くらいはあるだろう。

自宅を購入した人であれば、不動産会社や銀行から紹介されて、あなた名義への登記をした人を覚えていないだろうか？

会社を設立したことがある人であれば、知人の税理士から紹介されて、設立の登記をした人を覚えていないだろうか？

多くの人の人生に一度は接点がありそうな士業、それが司法書士である。接点がある人の確率は、弁護士よりも高いかもしれない。

だが、司法書士が普段どこにいて、どんな業務を行っているかを詳しく知っている人は多くないだろう。同業者であればともかく、一般の人だと普段司法書士が何をしているかを正確に把握できている人は、ほとんどいないかもしれない。一度司法書士と接点があった人でも、司法書士のことはよく覚えていないという人も少なくないのではないだろうか？

司法書士がテレビや新聞の一面をかざることはほとんどない。電車の広告などで「債務整理をします」という司法書士の名前を見ることがあるかもしれないが、それも司法書士の一業務に過ぎない。弁護士や税理士であれば、ほとんどの人が、概ね仕事内容のイメージがつくはずだ。テレビドラマや新聞、雑誌などでよく目にしているからだ。

行政書士も、代理人として交渉はできないので弁護士法違反ではないかとの賛否両論はあるものの、「カバチタレ！」という漫画が原作のドラマが放映されて一気に知名度が上がり、目指す人が急増した。

司法書士と名乗って、行政書士でしょと、勘違いされるという悲しい現実も少なくない。

だが、司法書士は全国各地にいて、個人や企業の権利を保全するため、日夜尽力している。司法過疎地と言われる弁護士がゼロワン地域の場所にさえ、司法書士がおり、市民等の法的相談に対応している。その割には、地味で、周知されていない。これは残念ながら事実だ。

しかし、司法書士という仕事は、地味かもしれないが、市民や企業の権利を保全するため、高度な法律知識と経験を基に、日々様々な問題に対応し、活躍をしている。

実際に案件を依頼したり、法的トラブルの相談をしたりするまでは司法書士という仕事をよく知らなかったけど、様々な問題に親切に対応してくれるし、依頼・相談して良かった。これからも何かあれば依頼・相談したいという経験のある人は少なくないだろう。筆者も依頼者から、そのようなありがたい言葉を頂戴することが多い。

そんな司法書士の「お仕事」と「正体」をこれから紹介し、みなさんに司法書士という存在を身近に感じてもらおうと思う。

また、これから司法書士を目指そうと思っている、既に司法書士の試験勉強をしている、又は何か士業の資格を取りたいと思っている人に向けて、資格の予備校のパンフレットには良いことばかり書いてあるけど本当かな？　インターネットで検索すると司法書士じゃ食べていけないとか悪いことばかり書いてあるけど大丈夫かな？　という疑問と不安が解消できるようにしたい。

他方で、司法書士試験に合格したけど、これからどういう業務をしていこうか？　どのように司法書士として成長していくべきか？　と悩んでいる新人司法書士の一助にもなるのではと思う。

司法書士は甘くはないけど、未来ある目指しがいのある資格だということが、本書で少しでも伝われば幸いである。

▼こんなに違う司法書士のスタイル

全国各地にいる司法書士、その勤務・開業形態も様々だ。大きく分けると、次の6パターンに分けることができる。これは、一人の司法書士が一回決めたらこのパターンになるというわけではなく、多くの司法書士が二つないしは三つのパターンを経験し、最終的には自分にあったスタイルで司法書士人生を歩んでいる。

そんな自由度の高さも司法書士の魅力の一つだ。

それでは、6つのパターンの特色を簡単に見ていこう。

①一人で独立

司法書士を目指す人の多くが、独立を考えているだろう。その基本パターンが、この①だ。

東京などの都心部や地方、男女問わず、司法書士が独立する場合、まずは一人で開業するパターンが最も多いのではないだろうか。

開業当初は資金が潤沢ではないので、補助者を雇わずに開業するケースが多い。補助者とは、司法書士本職の業務を補助する事務員のこと。司法書士会に補助者として登録する必要がある。司法書士登録をしていない司法書士有資格者が補助者となる場合もある。また、事務所を借りず、自宅兼事務所で開業するケースも少なくない。

そして、ある程度仕事が軌道に乗ってきたら、補助者(司法書士有資格者を含む)を雇用し、事務所を拡大する人もいれば、気楽だからと繁忙期だけアルバイトを雇い、後は一人のままという人も少なくない。

まさに一国一城の主なので、何を決めるのも自分次第で自由だ。

司法書士を目指す人の多くは、この自由度を求めている人が多い。

男性だけではなく女性でも一人で開業している人が多い。成年後見業務など、女性向きの業務なども増加しているからだ。

都心よりも地方の方が一人事務所(司法書士資格のない補助者を雇っている人が多いようだが)の数が多いかもしれない。特に司法過疎地だと、複数の司法書士がいる共同事務所にしてもコンフリクト(利害が対立する当事者同士の案件を同じ事務所で受任することはできないということ)の問題が絡み却ってマイナスの面があるようだ。

②他士業との合同事務所

いわゆるワンストップサービスを実践する事務所形態だ。

餅は餅屋なので、大規模訴訟や契約書のドラフトは弁護士、税務は税理士、労務は社会保険労務士、登記や簡易裁判所の訴訟は司法書士と各々の得意分野を生かし開業するスタイルだ。

主に都心ではこの形態が増加していると思われる。もちろん地方(本書では、東京・大阪などの大都市圏以外と定義する)でもメリットがある形態だ。

士業同士がフラットな関係もあれば、弁護士や税理士など特定の士業が代表を務め、他の士業が雇用ないしは業務委託・事務所のスペースを間借りするという形式で参画しているケースもあるだろう。

筆者はこの②の後者である。フォーサイト総合法律事務所という弁護士事務所に所属しながら、司法書士業務を行っている。

依頼者からすれば、とりあえずあの事務所に相談すれば、事務所内で解決してくれるという安心感が生まれやすい。また、内部でも自分の専門外の分野について雑談まじりですぐ相談できる、資料も相互に貸し借りできるなどメリットは大きい。

必ずしも同じ事務所に所属していなくとも、別々の事務所で士業間の連携を密にするため、成年後見など特定の業務に関する一般社団法人・NPO法人などを設立する例もある。

一見するとメリットばかりだが、司法書士としての独立性が保てないと、司法書士倫理違反となる場合もあるので注意が必要だ。

③司法書士事務所（複数の司法書士が在籍）又は司法書士法人の代表者

①の発展形態が③だ。いわゆる大中事務所のボスである。

東京都内には、司法書士や補助者を何十人も抱える大事務所や司法書士法人（以下「法人」という）がいくつもある。東京などの都市部以外であれば、大事務所は、各県に一つか多くても二つ、三つくらいだろう。

そのボスといえば、司法書士会でも誰しもが知る大御所だ。

一時期の過払いバブル（平成18年1月の最高裁判決により、消費者金融からの過払金の回収が容易になったことに伴って、多数の弁護士・司法書士事務所が広告等を利用して顧客を集客した現象のこと。借金問題は無くなっていないが、現在は過払いバブルは衰退している）の影響で、若くして何人も司法書士や補助者を抱えるボスになった人もいるが、大事務所のボスというとやはり大御所のイメージが強い。

いきなり何十人も抱える事務所になるのではなく、まずは中規模の事務所を目指して、①から一人二人と徐々に人数を増やしていく。

大事務所のボスとなれば、たくさんの仕事を取ってこなければならないので、事務所を不在にしていることが多い。筆者が最初に勤めた司法書士事務所のボスも夜は大抵依頼者と飲みに行っていたので、あまり事務所では見かけなかった。

逆に、その分司法書士の実務から遠のいてしまうのがネックかもしれない。経営者を目指す人は別だが、一生実務をしていたいという人は大事務所のボスには向いていないかもしれない。

また、平成15年4月から司法書士も法人化が認められ、法人化した事務所も多い。現在では、全国で1000を超える数になっている。

④司法書士事務所のベテラン勤務司法書士（代表者の右腕）又は司法書士法人の社員

独立だけが、司法書士の道ではない。

大事務所や法人のボスに認められ、右腕や番頭として、事務所のマネジメントや新人指導、実務対応などを一手に任せられている司法書士もいるし、それを生きがいにしている司法書士がいる。

ボスも人の子なので、事務所の所長自体は、自分の息子・娘が司法書士試験に合格すれば、自分の引退を契機に、子供に引き継がせることが多い。司法書士事務所には、二代目・三代目の老舗事務所が結構ある。

だが、経験の浅い二代目には補助者もついて来ず、依頼者対応も心配なところが多いので、そういう時に事務所のまとめ役兼実務のリーダーとなるベテラン勤務司法書士の存在は大きい。

営業や経営のことは考えたくないが、司法書士の実務が好きだという人には一番うってつけのポジションだ。

本来、一般企業に比べ、勤務司法書士が年功序列で給料が上がる幅は非常に少ないので、長期間勤務を継続するにはあまり向いていない。勤務時代は独立までの修業期間との意味合いが強いからだ。

しかし、右腕・番頭格・法人のパートナー（名ばかりの社員ではなく、経営陣の一人という意味）ともなれば、所長の信頼も厚く、辞めて欲しくないので、業務も自分の裁量で進められ、給与も企業の課長クラスの額が支給されることも珍しくないだろう。近年は、法人化する司法書士事務所も多くなっているので、管理職を置く司法書士法人も今後は増加するのではと思われる。チャンスがあれば掴んでもいいポジションだと思う。

⑤司法書士事務所又は司法書士法人の勤務司法書士（補助者・未登録者）

司法書士試験合格後、独立のために実務を学ぶ目的で、どこかの事務所に勤務するケースが多い。東京の場合であれば、司法書士試験合格前に補助者（事務員とほぼ同義）として勤務をしていた人はともかく、独立前又は独立をすぐには考えていない人は、どこかの事務所に就職し、実務を一から学ぶことになる。但し、地方の場合は、求人自体が多くないので、勤務司法書士の枠は少ないかもしれない。

事務所に勤務をする場合、司法書士有資格者であっても、最初は登録せず、補助者として勤務をし、実務に慣れるところから始める。ある程度実務に慣れたら登録するというのが基本パターンだ。登録料や月会費を所長が負担してくれるかは、その事務所の所長次第だ（笑）。

司法書士事務所の場合、有資格者であれば即戦力として期待されており、先輩には職人気質の人も多いので、仕事はやりながら覚えるのが基本となる。筆者もそうだったが、最初のうちはとまどう人も多いだろう。

昔は、何年勤務しても勤務時代は全て所長の名前で仕事をするからと登録をさせない事務所も多かったが、所長以外でも決済（不動産取引の代金決済の立会いのこと）時に本人確認ができるよう、司法書士有資格者に登録をさせる事務所が多くなっている。

他方で、④にも書いた通り、近年は法人化して大規模事務所を目指す司法書士事務所も増えてきているので、独立を考えずに、長く特定の司法書士法人に勤め、④のポジションを狙っていくというキャリアプランもあり得るだろう。

⑥一般企業の法務担当者

これは、①〜⑤まではとは全く異なり、一般企業に会社員として勤務するパターンである。

司法書士試験に合格すれば、法律や登記の知識を得て、法律的素養があるため、それを活かし、法務部などのバックオフィス業務を担う部署で働くために一般企業に就職をする人もいる。一旦は司法書士事務所に就職し、ある程度の経験を積んでから、一般企業に転職する人もいる。

グループ企業を多数抱えている大会社であれば、子会社の管理や登記手続など、法的事務対応が必要なケースが多い。その際に、手続法務の専門家である司法書士の有資格者は重宝される。

また、ベンチャー企業の経営企画室に就職し、IPO(株式公開に関する業務のこと)準備事務に従事する人もいる。

筆者の知人でも、多数のベンチャー企業を渡り歩き、何社もの企業を上場させたという経験を持つ人もいる。但し、ベンチャー企業は元々マンパワーが不足しているので、IPO準備事務を一手に担っていたため、仕事はハードだったようだが。

これらは、司法書士だからと採用されるケースは稀で、一般企業が法務・総務・経営企画室のスタッフを募集している際に入社し、その後司法書士資格や法律知識の素養を生かして、メキメキと社内で頭角を現していくケースが成功例だ。

実際にはかなりの狭き門だろうが、このようなスタイルで働く人も東京では年々増えているように思える。安定した給与ということもそうだろうが、単に司法書士事務所にいるだけでは得難い経験を積むことができるので、その後独立をしたいと考えている人にもメリットがある形態だ。現在では、日本組織内司法書士協会という企業で働く司法書士同士の情報交換等のための団体があるので、興味がある方は、同会のホームページを見るといいだろう。

▼専門分野でも異なる事務所のカラー

先ほどの①〜⑥は、事務所の規模や勤務形態での区分けだが、司法書士の業務内容によっても、事務所のカラーが全く異なる。

事務所によって、不動産登記・商業登記・債務整理や成年後見など特定の業務を専門とする専門分野特化型の事務所は、そこにいる人間もそれぞれ異なるタイプだし、業務内容、勤務時間なども事務所ごとに全く違う。

もちろん、まんべんなくどの業務をやるということも大事なことだが、一般の人からすれば、何かの業務に特化している方がわかりやすいし、依頼もしやすいだろう。

本書では、これからそんな司法書士の業務内容ごとの特色も筆者の専門分野である会社法等企業法務及び商業登記業務を中心に解説をしていく。

Contents

第1章　司法書士になろう！〔司法書士の世界〕

第2章 司法書士試験に合格したら〔研修編〕

第3章 司法書士試験に合格したら［独立開業編］

第4章　司法書士のお仕事［幅広い実務の世界］

第5章 司法書士の私生活［休みはいつあるの？］

第1章

司法書士になろう！
［司法書士の世界］

司法書士とは？
どんな人が司法書士になるのだろうか？

司法書士の歴史（司法書士150周年）

司法書士の歴史と聞いて、その始まりを答えられる人は多くないであろう。プロローグで述べたように、そもそも司法書士と聞いて、どんな資格？　どんな仕事をしているの？　とイメージがつく人ですら多くはないと思われるので、歴史となればなおさらである。

しかし、司法書士の歴史は非常に古い。その始まりは明治初期で、歴史の流れは下の年表の通りである。

そして、令和4年をもって、150周年の節目を迎えた。その際、日本司法書士会連合会（以下「日司連」という）は、これを広くアピールするために、記念サイトを特設し、司法書士の日（8月3日）の前後で、司法書士の業務内容を広く認知してもらうためのイ

司法書士制度の簡易年表

明治5年	司法職務定制制定
明治6年	訴答文例制定
明治7年	代書人用方改定
大正8年	司法代書人法制定
昭和10年	司法書士法制定
昭和53年	司法書士法一部改正―国家試験制度導入
平成14年	司法書士法一部改正―簡裁訴訟代理権の付与
平成17年	不動産登記法の改正―筆界特定手続業務の追加
令和元年	司法書士法一部改正―「目的」から「使命」規定への変更、司法書士法人の設立が司法書士1名で可能に変更

ベントや動画制作をした。さらには、筆者の所属する東京司法書士会では、親善大使の選任や公認キャラクターを作り、一般市民への司法書士の認知とイメージアップに日々努めている。

ただ、その事実を知っている一般の人は多くないであろう。10年前の平成24年は140周年の節目であり、この時も日司連は様々なアピール活動をしていたので、筆者が、他士業の友人に、「司法書士の日である8月3日で140周年記念なんだ」と話したところ、友人曰く、「日本で一番マイナーな記念日だね」と言われ、筆者としても強く反論できなかった(泣)。誠実に仕事をすることも当然のことだが、広く一般の人に司法書士という士業の存在をもっと知ってもらう必要性も感じた次第である。これだけ歴史のある資格なのだから、我々司法書士は誇っていいはずだし、これから司法書士を目指す人にも夢を持って目指してもらいたい。本書もその一助になれば嬉しい。

▼他士業との比較・業務領域

司法書士の仕事は、詳細は第4章で述べるが非常に幅広い。だが、全ての法律系の仕事が無制限にできるわけではない。

・弁護士のように大規模訴訟の代理人に就任することはできない。
・行政書士のように官公庁の許認可関係書類の作成をすることはできない。
・司法書士の仕事のメインは、昔も今も登記業務である。

登記は、建物であれば、それが自分の所有であることを対外的に公示するために登録する機能。会社であれば、設立したことを対外的に公示するために登録する機能。これらは全て法務省管轄の法務局で管理されている。

しかし、登記の申請は、権利者・会社の設立者自身で行う必要がある。

とはいえ、登記は多数の添付書類が必要になるなど、慣れない人には時間も労力もかかる作業だ。そもそも登記という制度自体初耳だという人がほとんどであろう。

したがって、そういった市民・企業に代わって適切な登記申請を行い、必要な法的アドバイスをするプロフェッショナルが我々司法書士である。

登記は司法書士の独占業務であり、不動産や会社がある限り常に発生する業務なので、需要は尽きない。

これ以外にも簡易裁判所で訴訟代理人として活動するなどの訴訟関係業務・高齢化社会において需要が増加し続けている成年後見業務がある。

登記・訴訟業務・成年後見業務は司法書士業務の3本の柱と言っても過言ではないだろう。

これらの3本の柱(木)から派生して自分なりの専門分野を開拓し、自分なりの枝を身につけるのが今の司法書士の主流だ。

現在の枝の例としては、企業法務・渉外法務・家族信託・人権擁護などが考えられるが、これに限らない。自分なりの枝を開発してもいい。

そんな司法書士の主流の業務や未来の話も本書には盛り込んでいく。

どういう人が司法書士に向いている？

No04（40ページ）で述べるが、司法書士試験に大卒等の受験資格はない。なので、どんな人でも司法書士試験に合格をすれば、司法書士になれる。本書を手に取っていただいた全ての人にその可能性がある。また、司法書士試験自体は、資格の予備校が充実しているため、これをうまく活用すれば、法律初学者であっても一発合格などの短期合格をすることは決して不可能ではない。

だが、試験に合格することと、その後司法書士として活躍・成功するかどうかは別問題である。

もちろん筆者が成功例というわけでは決してないし、筆者自身もまだまだその道を模索している段階ではある。

しかし、約20年の実務経験・またいろいろな同職・他士業の人と会ううちに、心から尊敬できる同職・他士業と決してそうでない同職・他士業の違いが見えてくるようになった。但し、これはあくまで筆者の私見であり、絶対的な正解ではないことを予め留意いただきたい。

筆者が考える理想の司法書士像は、以下の5つを全て兼ね備えている人である。

①謙虚であること
②積極的であること
③柔軟性があること
④向上心・探究力があること

⑤コミュニケーション能力があること

まず、①は、傲慢になってはいけないということである。難関な国家資格を取得したので、自信を持つことは悪いことではないが、それを鼻にかけてはいけない。

②は、何にでも興味を持つということである。試験に合格すれば司法書士として完成するわけではない。むしろ司法書士人生の始まりである。試験勉強時代は、合格という皆が同じ目標を掲げて進むので、ある程度勉強している内容や方法も似通っている。だが、合格後の実務の世界では、決められたレールも正解もない。そんな中で自分から行動をしなければ、何も起こらない。まあ、何でもかんでも手を広げすぎると手が回らなくなるので、ある程度の自制は必要だろうが(筆者も手を広げすぎて、潰れかけてしまい、家族に迷惑をかけてしまった経験がある)、合格直後・独立開業当初などは、興味のある会合や勉強会などには積極的に参加することをお勧めする。

①と②は相反するように思えるかもしれないが、決してそんなことはない。このご時世なので、待っていても仕事は来ないのだから、専門業務など自分をアピールする積極性は大事だが、それが自慢話ばかりになると鼻につく。バランスが大事だ。仕事や自分に自信を持つことは大事だが、併せて自分の考えが全てではないという謙虚さも持ち合わせる必要があるだろう。

③は、①にもつながることだが、人の話に耳を傾けるということである。業務をしていく上では、慣れてくれば自分なりのルールもできるだろう。しかし、それが絶対だとは決して考えない方がいい。もちろん他人の真似をすればいいというわけではなく、自分なりのやり方はど

んなことでも持つことが大事である。だが、一度決めたルールが絶対とは思わず、何事にも柔軟に取り組むことが大事だ。

また、筆者の専門分野である企業法務の案件などもそうだが、多数の当事者や利害関係人が絡むことがある。そうした時に周りの意見に流されないことも大事だが、時には周りの意見を取り入れ解決や方向性を司法書士が決定付けることも多い。このように柔軟性にとんだコーディネート力も司法書士の仕事には必要だ。

④は、幅広く・奥深い司法書士の仕事をこなすためには、初めてのことでも興味と向上心を持って、安易に人に尋ねず、まずは自分で調べる癖をつける必要があるということである。

Ｎｏ08（73ページ）で述べる通り、調べてもわからなかったときの最終手段は先輩や同期に聞くという手法もあるが、何でもかんでも人に聞いていては、その人に迷惑だし、自分の身にならない。司法書士に限った話ではないと思うが、自分の頭で考え、悩み、調べたことでなければ真の実力はつかないだろう。そうした、探究力を身につけることが必要だ。

また、日頃そういった高い意識を持っていないと、そもそも論点や問題点に気づかないおそれもある。これが一番怖い。司法書士の場合取り返しのつかないミスをすると、自分だけでなく周りにも甚大な損害を与えることがあるので、常に最新の情報を収集・調査する向上心や探究力は必須といえよう。筆者はこれが特に大事だと考える。

不動産登記の仕事一つとってもマンションと一戸建てでは違うし、相続と売買でも全然違う。また相続の中でもいろいろな問題が起こりうる。そうした時に興味を持って調べる癖がついていないと、凡ミスをする。この仕事、全てを覚えるのは絶対に無理で書籍の力は大きい。

実務経験が10年を超えた頃から、筆者はよくわからない問題にあたっても、比較的早期に回答が導けそうな書籍を見つけられるケースが多くなった。これは、日頃から様々な分野に興味を持ってアンテナを広げているので、なんとなく調査の勘所がわかってきたのではと自画自賛することがある(笑)。それも向上心と探究力を意識している賜物ではないかと思う。

⑤は、司法書士もサービス業で人と接する仕事だということである。社会人の基本なので、司法書士に限ったことではないが、コミュニケーション能力が欠如している人に仕事を頼もうとは中々思わないだろう。正直言って、依頼者・企業の法務担当者も人間なので、仕事を問題なくこなしてくれるのであれば人当りがいいとか、質問しやすそうな雰囲気な人とか、そういう基準で選ぶだろう。特に司法書士の業務は一般の人にはわかりづらく、物を売る商売ではないので、信頼が大事だ。特定の分野の第一人者など、よほど高い専門性を持っていれば、これを抜きにしても依頼が来るかもしれないが、継続的に依頼が来るように信頼を得るためには、コミュニケーション能力が欠かせない。

もちろん、これら①~⑤を最初から全て兼ね備えている人などいないであろう。いたとしたら、それこそ①の謙虚さを欠いているとしか思えない。だが、全てを兼ね備えられるよう、努力することは合格後も大事なことである。

また、①~⑤は、ある程度努力と意識改革で身につくので、試験勉強中も息抜きがてら意識的にトレーニングしてもいいだろう。

試験では問われないが、大事なことであると筆者は考える。

社会人であれば、現在勤務している会社で身につくかもしれないし、日々の仕事で意識するようにすればいい。学生であれば、飲食業など人と触れる機会の多いバイトをすることをお勧めする。筆者は、大学4年間、試験勉強している間も辞めずに牛丼の吉野家でバイトをしていた。その経験が今の仕事に活かされているし、その経験がなければ司法書士を今まで続けることはできなかったといっても過言ではない。

知りたい！　司法書士の未来

未来は本当に明るいの？

▼司法書士だからできるあんなこと、こんなこと

司法書士の現在と未来の仕事をここで簡単に紹介しておく。大きく分けても次の7つの分野があり、司法書士の仕事はとても幅広く、また未来のある仕事であることがわかる。

a）不動産取引分野（住宅ローンでマイホーム購入・信託）

売買等の不動産取引において、所有者の権利に関する登記を行う業務である。典型的なものとしては、マイホーム購入に伴う代金決済の立会い、所有権移転登記・住宅ローンの抵当権設定登記を行う。

近年では、金融機関等が開発する新たな金融商品の販売に伴い、不動産の証券化や信託に関する登記を行う司法書士も多い。

b)訴訟分野(簡裁訴訟代理権の活用・本人訴訟支援)

簡裁訴訟代理等能力認定(以下「認定」という)を有している司法書士であれば、簡易裁判所において当事者の訴訟代理人として活動することが可能である。平成15年4月から認められた制度だが、これを活用して、一般消費者・企業からの相談、訴訟案件業務を行う。

また、裁判書類の作成は、簡易裁判所の案件に限らず可能である。当事者が弁護士に依頼せず自身で訴訟を行うことを検討する際、我々司法書士が裁判書類を作成することにより、当事者本人と二人三脚で訴訟を進めることが可能になる。認定制度の開始前から司法書士の業務として可能だったが、近年その有用性が再注目されている。

c)企業法務分野(商業登記・中小企業の法務支援、事業承継)

設立・役員変更等、会社・法人に関する登記を行う業務が典型である。

近年はそれに留まらず、登記の前段階である株主総会に関するフォロー、新株予約権・種類株式の設計、株式事務の相談、事業承継・後継者問題など、幅広く企業の法務アドバイザーとして相談を受ける司法書士が多くなっている。筆者もこの分野を専門にしている。

d)相続・家事事件分野(相続等一般の家事案件・成年後見・家族信託)

相続が発生し、被相続人(※1)が不動産を所有していた場合に、遺産分割協議書・遺言書等

※1　亡くなった人のこと。

に基づき、相続人（※2）名義に変更する登記を行う業務が典型である。

近年はそれに留まらず、相続放棄や遺産分割調停など家庭裁判所に申立てをする家事事件の支援をする司法書士も多い。

また、公益社団法人成年後見センター・リーガルサポート（以下「リーガルサポート」という）を中心に、成年後見の分野が急成長をした。

さらには、相続対策の一環として最近耳にしている方も多いであろう家族信託（※3）を研究し、依頼者に提案する司法書士も増えてきている。

e）多重債務分野（クレサラ等の債務整理・生活保護などの自立支援）

消費者金融等から借金をして返済が困難になった債務者に対し、取り立て行為の中止・分割弁済の交渉など債務整理をすることによって、生活再建の支援をする業務である。

債務者の生活状況に応じて、破産・民事再生等の裁判所書類の作成支援や生活保護受給申請の同行まで行う司法書士も多い。

f）司法制度分野（ADRや法テラス）

業務と言うよりは公益的活動に近いが、弁護士・司法書士報酬を支払うことが困難だが、法的なトラブルを抱えている人を対象に、相談料や報酬を立替え受給する法テラスと契約し、積極的に消費者トラブル等の案件に関わっている司法書士は多い。

他方で、裁判所を通さない紛争解決方法であるADRが近年注目されており、司法書士業

※2　被相続人の相続財産等を承継した人のこと。

※3　財産管理の一手法のこと。例えば、認知症になる前に、信頼する家族に財産を託して、柔軟な活用を可能とするために信託制度を利用すること。

界も都道府県の司法書士会ごとにADR機関を設置することを目指している。東京では、「すてっき」というADR機関が設置され、担当委員を中心に運営されている。

g）社会問題分野（ホームレス支援や法教育）

多重債務分野とも共通するが、そもそも司法書士などの専門家に相談するという術すら思いつかないであろうホームレスの人を対象に、積極的に生活再建の糸口となるような支援をしている司法書士もいる。

また、近隣の小中高校や自立支援施設に対し、寸劇を交えながら法律を身近に知ってもらうことを目的に、成年後見や消費者トラブルなどのテーマを中心に法教育を行っている司法書士の団体もある。

▼AI（人工知能）・ChatGPTと司法書士への影響

近年、様々な業界でAI（人工知能）の活用と影響が騒がれており、我々司法書士業界も例外ではない。むしろ書類作成業務をメインとする司法書士は、AIに取って代わられ、仕事を失う人が大半になるのでは？　と危惧されている業種の1つである。

また、ChatGPTが台頭してきたことにより、その流れは、より加速するのではとも言われているようである。

しかし、筆者はこの意見には反対であり、むしろAIやChatGPT等の革新的なIT技術で、登記制度等司法書士に関するものを、より便利にし、一般の方にとっても利便性の高いものにして欲しいと考えている。そうなったとしても司法書士の仕事はなくならないと考えるし、収入が極端に減ることもないと思う。

確かに全く影響がないとはいえない。たとえば、ｆｒｅｅ株式会社が運営する「ｆｒｅｅ会社設立」のサービスは、素人が自分で会社設立登記書類を作成するためのサービスを原則無償で提供しているため、司法書士としてはライバルともいえよう。

さらには、ＧＶＡ ＴＥＣＨ株式会社が運営する「ＧＶＡ法人登記」のサービスは、格安で様々な種類の登記申請書のひな型等を提供しており、サービス内容も改善されてきているようなので、今後も注視する必要があると思う。

このようなサービスやソフトがどんどん増えてきたり、より革新的な技術ができれば、確かに影響の出てくる業務もあるだろう。

だが、筆者は顧客ターゲットを工夫すれば、従来の登記業務であっても、ＡＩに取って代わられることはないと考える。

例えば、筆者の得意業務としている、会社法・商業登記の分野において、一人で会社を作るようなケースでは、定型書類を作成すれば足り、会社法を意識して手続を進める必要性はほぼない。そのため、一人で会社設立することが多い起業家をメインターゲットとしてしまうと費用単価とスピードが判断基準の大きなウエイトを占めてしまうので、前述した「ｆｒｅｅ会社設立」・「ＧＶＡ法人登記」のような格安サービスやＡＩの方が有利かもしれない。

一方で、同じ会社設立であっても、大企業の子会社や大企業同士の合弁会社を設立するようなケースであれば、単に会社を作るだけでなく、その後の事業の方向性や合弁相手等も視野に入れ、定款内容を工夫したり、設立直後にも何らかの変更事項が生じることが多々あるため、企業側も、「ｆｒｅｅ会社設立」・「ＧＶＡ法人登記」のような自己責任が原則となるサービスではなく、我々専門家に相談しながら手続を進めたいという需要がある。

その際、手続をスムーズに行うためのスケジューリングや書類手配の流れ等を筆者側から積極的に企業担当者に提案することが多々ある。その中には依頼者も気づいていない問題点を発見するケースも少なくない。

このように依頼者でも気づいていない問題点を見つけることや全体の作業工程をスムーズに行うための調整は、「人」の思考と気遣い、判断が必要不可欠であり、重要と考える。

そのため、その力を磨き、依頼者の信頼を厚くしておけば、一見すると手続を安価かつ楽にしてくれそうなＡＩやＩＴ技術を活用したサービスが今後も続々と出たとしても、依頼者が離れることはないと思うので、これから司法書士を目指す方は、ＡＩで司法書士は終わると安易に考えないでいただきたい。

むしろ、筆者のように一人で業務を行う者にとっては、ＡＩやＣｈａｔＧＰＴ等の革新的なＩＴ技術で開発されたサービスは、自身の業務の効率化に非常に役立つため、メリットが高いと考える。

たとえば、ＣｈａｔＧＰＴであれば、ＣｈａｔＧＰＴの回答結果をそのままクライアントに提供することは、回答内容の質の面から難しいが、我々の調査のきっかけの１つとして活用することは、非常に有効と考えるからだ。

03 司法書士は試験が現場に直結する資格試験！

司法書士試験に合格すれば実務の基本が身につく

▼他の試験との比較

司法書士は、実務家登用試験だと言われている。その最大の理由は、司法書士の仕事の根幹業務である登記申請書を作成する作業が試験に出題されるからだ。いわゆる「記述式問題（通称で書式とも呼ばれる）」である。一定の事実関係や資料が提供され、それを基に必要な事項を記載した登記申請書を作成する。

したがって、実際の実務や合格後の新人研修を行う前に、既に登記の素養を身につけているので、仕事を覚えるのにもさほど時間がかからず、独立しやすいというメリットがある。

これは他の法律系の資格試験にはほとんどない試験スタイルであり、司法書士試験が資格の予備校で独立が容易と宣伝される理由の一つであろう。

例えば、司法試験の場合、原則としてロースクール（※1）を卒業し、新司法試験に合格する必要があるが、新司法試験では、一定の事実関係を基に裁判所に提出する訴状を作成するような問題は出されない。

また、行政書士試験では、メイン業務である官公庁の許認可業務や入管業務の中身などは一切出題されず、一般的な法律に関する択一試験や記述試験が出題される。

いずれも合格後の研修・その後の実務で一から仕事を身につけていくことになろうが、この

※1　法科大学院のこと。法科大学院の設立に伴い、司法試験制度が抜本的に変更されたため、従来の司法試験を旧司法試験、現在の司法試験を新司法試験と呼ぶ。現在では、旧司法試験が終了したため、新司法試験を司法試験と呼ぶ。

不況下・法律家増員時代にある現状では、実務を身につけさせてくれる勤務事務所を見つけることも容易ではないであろう。それに比べると、司法書士は恵まれている。

▼どのように実務と試験が直結しているのか

もっと具体的に、司法書士試験が実務といかに直結しているかを見ていくことにする。

①不動産登記の場合（民法＋不動産登記法）

不動産登記に関する業務は、不動産登記申請書を作成するだけでなく、登記原因証明情報という登記原因の事実関係を記載した書面を作成し、法務局に提出する必要がある。例えば、売買であれば、売買契約の締結だけで効力が生じるのが原則だが、実際には売買契約書の中で代金の支払いを所有権移転の条件にしているなど、特約を定めているケースがほとんどであり、それを登記原因証明情報に記載する。

こうした特約等も含め売買契約書の条項のうち、登記原因証明情報に必要な事項を抽出し、適切な書面を作成する作業は、実体法（※2）である民法と手続法（※3）である不動産登記法の双方の理解が不可欠である。

司法書士試験では、両法の択一試験が出題されるのはもちろんのこと、記述式問題にて、一定の事実関係の中から登記原因となる実体法の整理・判断をした上で、適切な不動産登記申請書を作成するという問題が出題される。そのため、試験合格時点で、適切な登記原因証明情報を作成するための素養が既に身についているのである。

※2　権利・義務の発生、変更、消滅の要件などについて規定する法のこと。代表例としては民法・会社法。

※3　実体法の運用手続について規定する法。代表例としては民事訴訟法・登記法。

②商業登記の場合(会社法＋商業登記法)

商業登記に関する業務は、商業登記申請書を作成するだけでなく、株主総会議事録など、申請する登記内容に応じた添付書類を作成するとともに、依頼者である企業に対して、会社法に沿った適切な手続を実施するようアドバイスをする必要がある。例えば、取締役の就任であれば、株主総会を開催し、所要の議決権を満たした賛成が得られたのであれば、その旨の株主総会議事録・取締役の就任承諾書を作成することになる。また、それ以外にも商業登記法上必要となる取締役個人の印鑑証明書などの書類を依頼者に準備してもらう必要がある。

これらをスムーズかつ適切に行うためには、実体法である会社法と手続法である商業登記法の双方の理解が不可欠である。

司法書士試験では、両法の択一試験が出題されるのはもちろんのこと、記述式問題にて、一定の事実関係・議事録等の書面の中から実体法の判断をした上で、適切な商業登記申請書を作成するという問題が出題される。そのため、試験合格時点で、依頼者に対して適切な会社法の手続をしてもらうようアドバイスすること並びに必要書類を作成する素養が既に身についているのである。

③裁判業務の場合(民法＋民事訴訟法)

裁判に関する業務は、依頼者が述べている事実や持参した資料を基に、依頼者が求める要求・要望が法的に妥当性があるのかどうかを判断する必要がある。また妥当性があると判断した場合には、それが裁判所で勝訴判決という形で認められるよう、訴状などの書面を作成するとともに、それを証する証拠を取捨選択していく必要がある。

これらを適切に行うためには、実体法である民法など今回の事案に沿う法律と実際に訴訟になった場合の手続法となる民事訴訟法の理解が不可欠である。

司法書士試験では、実体法の基礎である民法と会社法、手続法である民事訴訟法が択一試験に出題される。

実際の訴状を作成するような問題までは出題されないが、これに関しては、認定を得るための特別研修にて、ケーススタディで学習することになる。その際にはいちいち実体法や手続法の基本的部分などの解説は行われないが、試験合格時点でこれらの法律の素養が身についているので問題ないのである。

04 どうやって勉強する？

～暗記じゃない、理解こそが短期合格の近道～

▼試験概要～司法書士試験とはどんな試験？ 合格までの年数は？

司法書士試験は、年1回、毎年7月の第1日曜日に行われる。同じ日に午前の部(9時半から11時半まで)と午後の部(13時から16時まで)で別々の筆記試験を行うので、一日がかりの試験だ。まずは、これに慣れることが合格への第一歩ともいえる。

午前の部は、択一式(マークシート式)試験で、憲法3問・民法20問・刑法3問・会社法(商法含む)9問の合計35問で105点満点(1問3点)である。

他方で、午後の部は、択一式と記述式に分かれる。択一式は、不動産登記法16問・商業登記法8問・民事訴訟法5問・民事執行法1問・民事保全法1問・供託法3問・司法書士法1問の合計35問で105点満点である。記述式は、不動産登記法1問・商業登記法1問の合計2問で70点(※1)満点である。

午前の部の科目は、誰しもが一度は勉強したことがある又は聞いたことであろう基本的な法律だが、午後の部の科目は、法学部の学生・社会人であっても初めて耳にすることが多い法律ではないだろうか? この午後の部が司法書士試験独特の受験科目であり、最大の難所である。

また、択一式が合計70問なのに対し、記述式は2問だけだが、侮ってはいけない。記述式の配点は2問で70点(※1)と配点が非常に多いこともさることながら、いわゆる司法書士試験が実務家登用試験であることの根幹部分ともいえる問題なので、どちらか一方が基準点を超えないだけでも不合格となる重要な問題だ。

合格点は毎年異なるが、近年を鑑みると7割後半〜8割弱程度が安全な合格ラインといえよう。

筆記試験の合格発表は10月上旬で、これに無事合格すると10月下旬に口述試験がある。口述試験は不動産登記法・商業登記法・司法書士法から出題され、一人15分程度行われる。口述試験は緊張してしまって苦手という人が多いかもしれないが、筆記試験を合格する知識があ

※1 令和6年度の試験からは、記述式の配点が2問で70点満点から2問で140点満点に変更される。本稿執筆現在では、他の試験問題等にも変更があるかどうかは不明である。

れば容易に回答できる内容だし、口述試験は今のところ筆記試験の替え玉受験を防止するために行われていると言われているため、当日風邪で休まない限りは、ほぼ間違いなく合格する試験であるので、安心されたい。とはいえ、試験であることには変わりがないので、7月に試験が終わり、全ての知識がほぼ一夜漬けだから10月までに抜けてしまったということはないようにしたい(笑)。まあ、一夜漬けで合格するほど甘い試験ではないし、そのような状態で仮に運よく合格したとしても実務に就いたときに困るだけだが…。

口述試験が終わると、11月上旬に最終合格発表(※2)がされ、これに合格していれば、晴れて司法書士となる資格を有したことになる!

その後は、新人向けの研修などがあるが、それは後で述べる。

司法書士試験は、筆者が合格した平成14年度で2万5416名が出願して合格者701名・合格率2・8%、平成30年度で1万7668名が出願して合格者は621名・合格率3・5%、令和5年度で1万6133名が出願して合格者695名・合格率4・3%だった。筆者が受験した年に比べると、受験者数は大分減ったが、依然として合格率は、合格率自体が上がった新司法試験はもちろんのこと、他の法律系資格と比べても格段に低い。

だが、筆者もそうだったが、資格の予備校の講義の途中で試験慣れするために受験する人や全く合格レベルに達していない受験者も多いので、実質倍率は10%〜15%程度かと思われる。

合格率が低いので、大学の法学部出身でないと合格できないか? 何年も時間がかかるのか? 働きながらの合格は難しいのか? という声をよく聞く。

しかし、それらは誤った認識である。と声を大にして言いたい。

※**2** 令和5年度の試験は、筆記試験が7月2日・口述試験が10月23日・最終合格発表が11月10日だった。筆記試験の合格点は280点中211.0点以上。

もちろん一夜漬けで合格することは不可能だが、効率的に勉強をすれば、短期間での一発合格は不可能ではない。

また、他の仕事をしていた際の人脈や経験は実務に就いたときに必ず活かされるため、社会人であれば仕事をいきなり辞めて専業受験生になることはお勧めしない。

学生であれば、学生時代に知り合う友人は一生付き合える貴重な友人だし、自分が司法書士になった際には依頼者になってくれるかもしれないので(笑)、それを得るチャンスを失ってまでひたすら勉強に打ち込むこともお勧めしない。たまには、恋愛・合コン・旅行もしたいのが本音だろう。大いにすればいい。ただ、もちろんメリハリは大事だが。

全てを捨てて勉強に専念しなくとも狙える独立系の資格。それが司法書士だと筆者は考える。とてもお得な資格だ。本当にそうなのか？　という話を次にしていこう。

▼資格の予備校の活用法・独学との比較

司法書士試験に限った話ではないが、勉強法として最初にぶち当たるのが、いわゆる資格の予備校(以下「予備校」という)を活用するか？　それとも独学でやるか？　という難問である。これは資金・経済状況・個人の能力・合格までにかけられる期間(専業受験生か働きながら目指すのか)などケースバイケースなので、どちらがベストとまでは言えないのが正直な意見だ。合格すれば司法書士になれるという結論は一緒なので、独学で合格したから凄いとか、予備校を利用して一発で合格したから他の人よりも優遇されるとかはない。まあ、予備校を利用して一発合格すれば、その予備校からはチヤホヤされるかもしれないが(笑)。

とはいえ、特に社会人のように時間がない人又はプライベートも楽しみながら短期合格したい学生に筆者がお勧めするのは、断然「予備校を活用する」の方である。独学は自分が天才であるという自負がある人を除いて避けるべきである。

この最大の理由は、筆者が司法書士試験を一発合格できたのは、当時通った予備校の力が非常に大きかったことが、疑いのない事実だからである(決して予備校の回し者ではない)。

まず、独学といっても、六法や実務書を読み漁って勉強をするわけではない。市販しているどこかの予備校のテキスト・問題集をベースに勉強をしていくことになる。模擬試験を受けるために予備校を活用することにもなるであろう。

つまり、独学で可能かどうかの境目は、市販のテキストを自分だけで読んで理解できるかどうかに尽きる。だが、先ほど独学は天才でないと無理と言ったように、これは不可能に近い。

まあ、何度となく繰り返し読んで、過去問集などを解いているうちに理解できるようになるかもしれないが、初めて読んで理解するには、たとえ大学の法学部卒や法学部生であっても不可能に近い。少なくとも筆者は書店でテキストを見たときに不可能だと感じたので、独学は視野に入れず、予備校に通う決心をした。

講師の講義の合う合わないがあると思うので、予備校や講師選びは事前のガイダンスなどを利用して慎重にすべきだが、予備校に通って一通りの授業についていければ、テキストを自分で読んで理解できないという箇所がなくなるため、後は覚えるべきところを覚え、様々なパターンの問題が解けるようになるだけだ。

だが、独学でテキストの内容を全て理解しようとすると、下手したらそれだけでも数年かかる。数年で済めばいいが、無駄なところを余分に覚えていたり、理解が誤っている可能性もある。そうしたときに軌道修正しづらいのも独学のデメリットだ。予備校の講師であれば、自分も司法書士試験合格者なので、自分の勉強法や失敗談なども人それぞれ持っているため、受講生が誤った道に進もうとすれば、それを正す道標になってくれるだろう。

もちろん安くはない費用だが、トータルでかかる時間を考えれば断然お得だ。

とはいえ、予備校に通っても、何年も合格レベルに達せず、道半ばで試験を諦めたり、合格までに5年以上かかってしまう人も現実にはいる。そうならないためには？　という話を次にしよう。

▼大学在学中一発合格の秘訣～いかに勉強期間を楽しむか

今、司法書士試験も含め、大学時代に資格取得を目指し始める人は多い。最初から独立志向の人もいれば、自分のステップアップ又は就職で有利となるようなど、動機は様々だ。

司法書士試験は、法律系の資格の中では最難関クラスの試験であること、予備校でも独立がウリであることを宣伝していることから、合格を目指している人には独立志向で、かつ大学の早い段階で勉強を始める人が多いと感じる。

だが、折角大学在学中に勉強を始めたのに、大学在学中に合格をする人は多くない。筆者が合格したのは平成14年だが、そのときの大学在学中合格者は全合格者約700名中、10人弱だったと記憶している。現在もその数に大幅な変動はない。

一方で、大学を卒業してから1年目・2年目となると飛躍的に合格人数が増加する。これは勿体ない現象だ。

筆者は、大学2年の冬から予備校に通い始め、大学4年の3月に一通り全科目の講義が終了し、その年の7月の試験で合格した。いわゆる一発合格である。勉強期間は2年に満たない。勉強開始初年度なので、さすがに模擬試験等でトップ10番とまではいかないが、試験直前の模擬試験や応用問題の答案練習でも成績上位者として頻繁に名前が掲示されていたし、ほぼ全ての答案練習会で合格圏内という成績を貫いた。もちろん試験に絶対はないが、試験当日までにはテキストの理解度・過去問などの問題集の解け具合から鑑みて、これで試験に落ちたら予備校が悪い、他にやるべきことはないという自信で、筆記試験当日の朝を迎えることができた。

では、筆者の場合、試験勉強期間の2年弱、一日10時間〜15時間も毎日机に向かって、寝る暇を惜しんで勉強していたか？　プライベートを全て犠牲にしていたか？

答えは、Ｎｏである。

もちろん、勉強時間を確保する必要があるので、大学1年のときのように毎日遊び歩いたり、バイトに明け暮れたりすることまではできなかったが、吉野家のバイトは大学卒業までずっと続けていたし、今の妻だが、彼女もいたので恋愛もそれなりにしていた。バイト友達と徹夜で麻雀をした後、予備校の講義を受けに行くということもしょっちゅうしていた。大学時代の友人は今でも付き合いのあるいい友人（筆者だけがそう思っているのではないと信じたい…）だし、大学時代は大学近くの居酒屋でよく飲んだ。もちろん睡眠も大事だから、一日6時間〜8時間くらいは寝ていただろう（徹夜で麻雀した日は寝ていないが（笑））。ゲームも漫画も好きだし、旅行もしていた。

大学の図書館で勉強することもあったから、もしかしたら周りから見ればずっと勉強していたように思われていたかもしれない。しかし、少なくとも筆者は一日十何時間も勉強していた(休みの日などにたまにはそういう日もあったかもしれないが)という実感はない。事実そんなに集中力は持たないだろう。

そんな筆者が、一発合格を果たした要因は大きく分けて3つあると考える。筆者が合格した年と今とでは試験内容が違うことは事実だが、そこまで昔というわけでもないし、大学生だけではなく、働きながら勉強する社会人の方にとっても汎用性はある手法と考える。

1つ目は、試験勉強を楽しむということだ。

短期合格と言っても半年やそこらで合格するのは無理がある。どんなに早くても1年以上はかかるだろう。2年間というのは学生にとっては長い。それを乗り越えるためには、勉強自体が楽しくなくてはいけない。そのためには、自分が日々成長しているという実感を得る必要があるだろう。最初は解けなかった問題集が日に日に解けるようになるとか、テキストがスラスラ読めるようになるとか、そういった充実感を短いスパンで繰り返し発生させることが大事だ。

そのために大事なのが予備校の講師を最大限に活用することと復習を大事にすることだ。

講師を最大限に活用するとは、質問をしまくることだ。可能な限り毎回の講義後に質問したい。そのためには講座は極力、講師の生講義がいい。その場で講義終了後に講師に質問に行けるからだ。近年はWEB講義+インターネットでの質問フォローなどのシステムもあるようだが、質問自体は講義を担当している講師ではなく、予備校のスタッフなどが回答している場合もあるので、生講義でない人はシステムをよく予備校に確認した方がいい。

とはいえ、生講義であっても、その日の講義で受けた内容に関して質問をしに行くのは結構ハードルが高い。初めて聞く法律について、講義内容をその場で消化するのは中々難しく、そもそも質問するレベルまで達しないからだ。その日の講義はふーんそんなもんかと素直に聞いておけばよい。

講義終了後に質問をしに行くのは、前回の講義や自主学習でやった問題集などに関することだ。

そのために大事なのが復習だ！　筆者は予習よりも復習が大事だと考えている。誤った理解をするくらいであれば極端な話、予習は不要だ。それよりも復習に時間を割くべきだ。

予備校の講義は最初の内はペースも緩やかだし、やっている科目も多くないので、復習することも多くない。だが、講義が進むにつれ、消化しておくべき科目がどんどん増えるので、復習に割くべき時間が必然と多くなる。

しかし、講座の最後の方になっても、この復習のペースがきちんと守られ、真の意味で講師の講義にきちんとついていければ、一発合格はすぐそこにある。真の意味でというのは、それまでに講義でやった科目・単元を全て理解済かつ復習を終えている状態で、次の講義を受講することだ。前回までの復習をせず、ただ漫然と講義に参加することほど意味のないことはない。

それでは、わからないことがどんどん増えていき、終いにはやる気がなくなるからだ。もし、予備校の講義のペースが自分には早いと感じたら、生講義は受けられなくなるかもしれないので若干勿体ないが、それまでの復習を終えるまで、次の講義を受けない方がましなくらいだ。

つまり、講義の復習をする際に何かに疑問を持つまでは最低限やる⬇次回の講義が終わった後に、講師に質問をぶつける⬇疑問点があるということは、自分のわからないところがわかっているということなので成長しているということ⬇疑問点を解消する⬇さらなる成長へつながる⬇どんどん勉強が楽しくなるという流れだ。

結局、勉強はこの積み重ねだ。この無限ループにはまれば、毎回の講義や復習が楽しくなる。筆者はどの科目もほぼ毎回の講義でこの無限ループを続けた。疑問点を常に見つけるようにし、それを即解決していたことが短期合格の近道となった。

復習の際には、講義で学んだ箇所のテキストを読むだけでなく、同単元の問題集にも積極的にチャレンジしよう。もちろん最初からは解けないが、チャレンジすることで、さらに質問ができる可能性が増える。講師への質問は多ければ多いほどいい。いい講師ほど、そういう受講生には親身になってくれるはずだ。

2つ目は、毎日勉強することだ。

長時間は必要ない。1日1時間でも2時間でもいい。講師の講義以外に自主学習する時間を作ろう。それは寝る前でも朝起きた後でもいい。

そのためには、少なくとも最低限毎日やることを自分の中で決めておくといい。

例えば、夜寝る前にテキストを最低何ページ読んでインプットする⬇寝ている間に自然と頭が整理されている⬇朝問題集を解くアウトプットにチャレンジといった流れだ。

これは飲み会があった日でも必ず守るべき必須事項だ。1日でも何もやらない日が出てくると、それが3日・1週間というスパンになる。そうなるとどこかで1日10時間とかやっても、取り戻せない。もちろん1日1時間の勉強だけでは合格できないので、休みの日とか今日は調子がいいと思えば長い時間やればいい。ただ、少しでもいいから毎日必ず勉強することが大事だ。

また、勉強は机に向かうだけが勉強ではない。電車などに乗っているときも勉強可能だ。朝やった問題集の問題でもいいので、自分の頭の中で問題を出題し、それを頭の中で回答してみる。できればOKで、理解しているということだ。できなければ、会社や学校に着いたら即調べてみるのがいい。それだけでも毎日勉強していることになる。

この自問自答方式を、筆者はよくやった。旅行中とかでテキストを持っていけないときもやっていた。自問自答方式は慣れてくると、いろいろな科目にリンクさせながら無限ループのようにやることができる。

例えば、動産の対抗要件は引き渡し➡じゃあ不動産は？➡登記➡建物を買った時の登記原因は？➡売買➡添付書類は？➡印鑑証明書などとつながっていく。これが真の理解につながり、本試験でも柔軟な対応が可能になる。

なぜなら本試験では、頭だけで回答しなければいけないからだ。自分で問題を出せるくらい理解していれば、どんな応用問題も怖くない。

3つ目は、暗記ではなく理解するということだ。

司法書士試験は科目も多く、各科目の分量も多い。なので、暗記をするには限度がある。もちろん登録免許税の数字など暗記をしなければいけないことはあるが、その量は極力減らした方がいい。また、暗記は応用が利かないので、過去問は解けても、本試験で点数が取れないというパターンに陥りがちだ。近年は、理解をウリにしている予備校の講師が多いので、理解のコツなどは、こういった予備校の講師に学ぶのも一つの手だろう。

筆者は、先ほどの自問自答方式が理解につながる第一歩と考えている。

▼社会人は仕事を辞めるべきではない！ 仕事と勉強の両立

司法書士は、一般企業等に勤め、社会人経験がある人がなるケースが非常に多い。その前職も不動産会社や銀行員のように司法書士の仕事と関係が深いものだけではなく、IT系の企業や飲食業、公務員など多種多様である。さらには、元Jリーガーやモデル、アナウンサーなどの職業だった人や専業主婦だった人もいる。

司法書士は、弁護士と違い、ロースクール(※3)に通う必要(但し、予備試験合格者を除く)がないので、働きながら目指せる法律系の最高資格ということで、社会人の方が目指すには非常にお勧めの資格だ。社会人時代の経験や人脈が、どのような業種であっても司法書士になってから必ず活かせるからだ。

筆者の知人でも、司法書士として成功が早いのは、前職を活かして営業活動などをしている社会人経験のある人の方が多いと感じる。元々高い目的意識を持っているからかもしれないが、社会人時代に培ったビジネスマナーや人脈、業界の知識というアドバンテージはそれだけ大きい。筆者は、大学在学中の合格だったので、社会人経験がないため、試験合格直後は社会人経験のある人たちが羨ましくて仕方がなかった。司法書士登録後も一般企業に就職しようと思ったことは二度三度の話ではない。

では、今社会人の人が司法書士試験を目指す場合、どのようなスタイルで目指すべきか？

※3 ロースクールも働きながら通える夜間の大学院があるが、実際に通うのは講義以外の課題等もあるため、かなりハードルが高い。

大きく分けると、今の職場を辞めて専業受験生となるか、職場で働きながらの兼業受験生となるかの2つだ。

筆者は、100人に聞かれたら、99人には、兼業受験生を勧めている。

残りの一人は、今いる職場が忙しすぎて全く勉強する時間が取れない人だ。仕事が毎日午前様となればさすがに試験勉強は無理だろう。それでも可能な限り残業が少ないところへの転職を勧め、完全な専業受験生となることは避けるようアドバイスしている。

これは、先ほど述べたように社会人時代の経験や人脈が司法書士試験合格後に活用できるということもそうだが、精神的な意味合いが一番大きい。

短期合格といっても2年弱かかる司法書士試験。収入を断って背水の陣となればプレッシャーがハンパない。若い学生時代であればともかく、社会人経験を経てからとなるとそれなりの年齢になっているので、一旦退職した後、何年間か専業受験生をやってからの再就職はこのご時世だからかなり厳しいだろう(よほど特殊技能等の手に職が既にある人は再就職しやすいかもしれないが、そもそもそういう人であれば、何も司法書士を目指さなくてもいいだろう…)。

その結果、短期合格を勝ち取れれば問題ないが、試験は水物で、かつ年1回、しかも合格率は約3～4%ともなれば、必ず2～3年以内に受かる保証は誰にもない。

そうであれば、背水の陣などしかず、仮にダメでも今の職場で働き続ければいいやという生活保障は、無用なプレッシャーから解放してくれるだろう。これが油断になってダメになるという意見もあろうが、仕事を辞めるリスクに比べれば油断などは自分の意思の問題なので、さして大きな問題ではない。特にこのご時世、多くの企業が、残業が少なくなっているのだから、社会人を続けながら勉強をする環境がより整っているといえる。平日の平均終業時間が19時より早く、土日祝日もきちんと休日となるような職場環境であれば、絶対に辞めるべきではない。辞めるのは司法書士試験に合格してからか、早くても勉強を始めて、模擬試験等の結果が合格レベルに達するようになってからでも遅くはない。

兼業受験生は、確かに専業受験生に比べれば空いている時間が少ない。だが、先ほども述べた通り、一日10時間も勉強時間を確保する必要はないし、むしろ時間が限定されている方が危機感があるので集中力が増しやすい。

その分、タイムマネジメントや勉強計画が重要になってくるが、これは時間のある土日に1週間分の勉強スケジュールを立てておくといいだろう。

この時大事なのが、自分に見栄を張らないことである。何時から何をやるなど厳密なスケジュールを立てたり、深夜までぎちぎちにやらないとこなせない量のスケジュールを立てると、おそらく1週間全ての日で達成することは困難だし、達成できないことがストレスになる。そうすると日々の仕事にも支障が出て、仕事を辞めたくなる。これは悪循環だ。

むしろ、今日の夜にはテキストをどの辺まで読みたいなあくらいのラフな感じの方が効果的だ。仕事がはかどって早く帰宅した日など、それを達成できて余裕があれば、問題集を予定より多く解いたり、テキストを先の方まで読めばいい。その方が勉強がはかどっている実感があるし、達成感もあるので、ストレスにならない。特に勉強を開始した直後は、テキストーページを理解しながら読むのにも一苦労で、中々先に進まない。

だが、講義が進むにつれ、ちゃんと復習してついていければ、自然とテキストもスラスラ読めるようになる。筆者も試験直前には、一日で全科目のテキストの重要な箇所を読み進めることが可能になっていた。特に速読などはできなくとも書いてあることが理解できているわけだから、吸収するのも早いということだ。

自問自答式などの勉強方法や理解することが大事であることは、社会人の兼業受験生も同じだ。むしろ、自問自答式は、移動が多い社会人の兼業受験生こそ最大のメリットがある。是非活用してほしい。

▼受験時代に司法書士事務所に補助者として勤務するメリットはあるか？

もう一つよく聞かれることに、受験時代に司法書士事務所に勤めることはメリットがあるか？　というのがある。

筆者としては、メリットがゼロとは言わないが、特に現在一般企業に勤めている人であれば、転職してまで司法書士事務所に補助者として勤務する必要はないと回答している。

昨今は、司法書士倫理(※4)の高度化やオンライン化の影響で、無資格の補助者に任せられる業務の内容が減っている。そのため、無資格の補助者自体の求人が激減しているので、そもそも転職しづらいということもあろうが、司法書士になる際の準備期間として実務が予め習得できるなどの絶大なメリットがあるかというと、そこまでではないと考える。

司法書士実務は、合格後に新人研修等の研修もあるし、修行のためと割り切って合格後にいくつかの事務所に勤務で経験する方が、実務の習得は圧倒的に早い。

※4　司法書士のように依頼者に対して重い責任を負い、かつ高度な専門職務を行う士業は、独自の職業倫理規範を制定している。倫理は、司法書士が自らの高い意識を持って遵守することはもちろんのこと、司法書士と国民との約束事でもある。

むしろ、現在一般企業に勤めているのであれば、そこで得られることの方が多いのは、先ほども述べた通りだ。司法書士事務所の補助者は一般企業に比べれば給料が有資格者でも安く、福利厚生もほとんどないので、仕事をしているわりには生活が保障されないというデメリットもあるので、注意が必要だ。

05 試験本番での対応

緊張するなという方が無理？

▼試験本番に強くなるための秘訣は？

司法書士試験は年1回しかない。もし、落ちてしまったら、次の試験まで1年間ある。これは相当なプレッシャーだ。試験本番で緊張するなという方が無理だろう。

筆者も試験が近づくにつれ、眠れない日が何度もあった。試験当日も朝早く起きすぎてしまい、当時の試験会場であった早稲田大学が開門する前に到着した記憶がある。

実際に、答練では合格レベルどころか、上位の成績を毎回獲得しているにも関わらず、本試験で何年も合格できない人もいる。

では、合格する人と今一歩の人の差はどこにあるだろうか？

筆者は、試験当日いかに自分を信じられるか、ということに尽きると考える。

当日、自分が信じられるようになるためには?

それは、基本を大事にすること。つまり、手を広げて勉強し過ぎないことだ。

特に試験直前最後の1か月は今までやったことの復習・やったことのある問題演習に費やし、新しい知識を入れてはいけない。

唯一、新しい知識を入れるとすれば、それは試験直前に試験と同じ形式で行われる予備校の公開模試。これは、パターンの違う問題やアウェイの雰囲気に慣れるため、通っている予備校+もう1校くらいの予備校の公開模試を受けることをお勧めするが、そこで解けなかった問題で、かつ出題頻度のランクが高いもので全く知らない分野であったときのみ、それを重点的に復習することをお勧めする。それ以外は、全て復習に費やすのだ。

試験当日、一番頭を悩ませるのは、択一試験で、幅広いあいまいな知識があるために、いろんなことが疑問に感じてしまい(実務ではこの感覚が実は大事なのだが)、択一の正解が一つに絞れないことだ。

実際予備校に通い始めて司法書士試験の勉強をすると、おそらく全ての講師がこう言うだろう。

「五択の択一であれば、全ての肢がわからなくても、正解の回答を導き出せる場合が多い」と。

これは、択一試験用のテクニックなのだが、五択の択一問題の場合、全ての肢の正解が導き出せなくても、正解が選択できるケースは確かに多い。個数選択問題を除けば、科目を問わず、全ての択一試験に活用できるテクニックである。

例えば、アイウエオという肢があり、正解がアとエの組み合わせだった場合、仮にイとウが全くわからなくてもアとエがわかれば、その問題は正解できる。また、エだけでもわかれば、エが含まれていない組み合わせは不正解だとわかる。

だが、あいまいな知識が多くあると、どれも見たことあるような問題だけど、今いち正解がわからないという肢が多数出てしまい。かえって正解が出せないことが間々ある。いくら五択のうち二択まで絞れても、結局不正解を選択してしまえば、点数はゼロなのだ。

だが、基本を完璧にし、マイナー分野を切り捨ててしまえば、自分が意味不明な肢はマイナーなので無視してよいと、自信を持って切り捨てられる。これが本試験では時間短縮にもつながるし、一番大事なことだ。

特に試験直前期は不安になり、より完璧を目指そうとして、あれもこれもとマイナーな知識を入れがちになる。これが一番よくない。

司法書士試験は実務と違い、満点を取らなくても合格できる。8割で十分だ。本試験の中には、おそらく受験生のほとんどが正解できないような問題もいくつか含まれている。だが、そんな問題を解かなくても合格できるし、そんな問題を正解できるようにするために手を広げ過ぎて、基本の知識すらあいまいになっては本末転倒だ。

予備校の講師を素直に信じ、予備校の講師がココは必ずおさえるべきという分野さえきちんとおさえれば、必然的に答練では合格レベルの成績が取れるし、本試験でも合格可能な実力が身につく。マニアックな知識は、合格後、実務に就いてから好きなだけ勉強すればいい。実務では、他の司法書士がやらないことを身につけることは、差別化につながるのでメリットがあるからだ。

だが、繰り返して言うが、試験ではそこまでの知識はいらない。筆者も受験勉強を始めた当初、予備校の自習室に、既に司法書士試験を勉強している人がいて、その人は凝り性だったから、いろんなマニアックな先例や判例をたくさん知っていた。それを勉強を始めたばかりの筆者によく披露し、筆者は当然そんな先例等は知らないわけだが、筆者にこんな先例も知らなかったらヤバいよ。絶対合格できないよと良く言っていた。

しかし、筆者はとりあえず、予備校の勉強が一通り終わるまでは予備校の講師の言うことを信じ、繰り返し基本を学び、テキストでマイナーとされているような情報は全く勉強しなかった。もちろん、その人が披露してくれた先例などは、マイナーな分野だったので、どんな先例だったかも覚えていない(笑)。結果、筆者は大学4年のときに一発合格し、その人はどうなったかわからない。おそらく合格は未だにしていない(もう諦めたと思うが)と思う。その人は、勉強はすごく良くできたし、頭もよかった、

だが、勉強の仕方を間違うと泥沼にはまる典型例だったと思う。

これから司法書士を目指す人は、基本を大事にしていただき、合格を短期で是非勝ち取っていただきたい。

Column CASE 1

司法書士事務所の広告のウソ・ホント

近年、といっても15年位は前からだろうか。司法書士事務所の広告をＪＲや地下鉄の電車の中でよく見るようになった。

これは、平成18年頃に起きた現象である過払いバブルの影響だろう。

消費者金融の全盛時代、テレビのコマーシャルや新聞・雑誌の広告、電車の中吊り広告など、どのメディアでもいろいろな消費者金融の広告を目にした。

しかし、貸金業法の改正や過払金返還請求の影響により、それは影を潜め、替わりに目立つようになったのは、弁護士事務所や司法書士事務所の広告だった。筆者が愛読している雑誌にも司法書士事務所や弁護士事務所の広告が当時は毎週掲載されていた。

これ自体は悪いことではない。

司法書士は一般の人の認知度が低いし、どんな業務をしているかわかりづらいので、広告のように一般の人が目にとまるメディアに露出すれば、アクセスしやすいからだ。

だが、広告に掲載するのは、かなりの費用がかかる。1回数十万～100万円単位もザラだろう。たくさんの広告に掲載できるということはそれだけ利益が上がっているということである。

過払いバブル当時の電車等の広告に掲載されている司法書士事務所は、「過払金が取り戻せます！」など、見た人の射幸心をあおるような記載をした債務整理専門の事務所が多かった。8割以上の事務所が債務整理専門事務所といっても過言ではなかっただろう。

しかし、そもそも債務整理は、債務者の経済的再生のために行うのであり、過払金の返還請求はその一助であって、メインではない。

だが、これらの事務所には利益を上げるために、過払金の請求しか受任しない事務所や貸金業者と提携しているような事務所もあるようである。そうやって超効率的に案件を受任しないと、広告を常時掲載するような利益が上がらないからだ。

もちろん、広告を掲載している事務所が全部悪いわけではないし、筆者もブログやホームページなどの媒体は活用すべきと考えているから、宣伝をすること自体は悪いことではない。

とはいえ、広くメディアに露出している事務所が超一流の事務所で間違いないか、ということこれはＹｅｓとは言い難い。

ある事務所は、ラジオやスポーツ新聞などに広告を掲載して、過払金請求案件の受注率を伸ばしたようであるが、事務所の方針としては、債務者の経済的再生よりも案件の受注率に重きを置いてしまっていたようである。過払金の回収率にはかなりの実績があるようだが、真の意味で債務者の経済的再生に尽力しているのか、筆者としては疑問を感じ得ない。

ちなみに、東京であれば、電車等の広告をよく掲載している司法書士事務所は、司法書士会の会務や研修講師など、公益的活動や司法書士制度の発展のために活動すべき場面では、あまり見かけないという話を周りからちらほら聞く。

だが近年だと、過払いバブルが衰退したことに伴い、債務整理専門の事務所の広告は減ったように思う。

最近良く目にする機会が多いのは、相続・遺言に関する広告という印象だが、これは、相続登記の義務化等法改正の影響により、司法書士業務の次のトレンドが相続になることが見込まれるからであろう。

また、ＳＮＳ等の普及により、司法書士の広告方法も様変わりし、多様化した印象だ。これから司法書士試験に合格して独立する人は、ＳＮＳの活用方法も営業戦略の一つとして取り入れる必要があるだろう。

第2章

司法書士試験に合格したら［研修編］

鉄は熱いうちに打て！

試験合格直後の新人研修などなどなど

▼新人研修は義務ではないが、参加しないと損！

司法書士試験に合格すると、すぐに新人を対象にした研修が実施される。

司法書士の場合は、弁護士と異なり、試験に合格すれば司法書士登録の資格が得られるので、必ずしも新人研修に参加しなければ実務ができないわけではない(※1)。試験合格前に司法書士事務所で補助者として勤務していた経験がある人ならば、所長や職場の先輩の姿を通して司法書士実務を学んでいるだろうし、実際に経験を積んでいるであろう。しかも、新人研修は無料ではなく、有料である。単純な研修受講費だけでなく、都心から遠方で開催される研修もあるため、宿泊費等も併せればトータルで20万円くらいはかかるであろうか。決して安くない金額である。社会人時代の貯金等がある人ならばともかく、合格のために時間の全てを費やしてきた人であれば、生活に余裕はなかったであろうから、合格直後のこの出費は正直痛い。筆者も学生時代バイトをしていたとはいえ、試験勉強のためにバイトの時間を減らしていたから、貯金などはほとんどなく、奨学金の余りと親に借りたお金で受講した記憶がある。

では、そこまでして、この新人研修に通う価値があるのだろうか？

答えは、Ｙｅｓである。

実務経験がゼロの人はもちろん、補助者として実務経験がある人も参加すべきだ。

※1　東京等、都道府県によっては、司法書士登録にあたって新人研修の参加を指導している。

新人研修の大きなメリットは2つある。

1つ目は、先輩司法書士から、様々な実務の重要な話が聞けることである。司法書士の実務は、試験勉強以上に幅広い。これを独学で学ぶには限界がある。様々な実務の基本的ポイントを短期間で、かつ網羅的に学べる機会はそうない。

2つ目は、同期の友達がたくさんできることである。No08（73ページ）で述べる通り、同期の仲間の力は非常に大きい。そんな同期が一堂に集まる機会は、この新人研修くらいしかない。

そんなメリットの大きい新人研修を、実務の習得の側面と仲間を作る側面からそれぞれ詳しく見ていくこととする。

なお、体験談については、筆者が司法書士試験に合格した年である平成14年合格時の研修に関してのものなので、細かい中身は現在とは若干異なるだろうから、留意いただきたい。

また、近年は、eラーニング等自宅受講型の研修形式も増えているようなので、従前に比べると宿泊費や交通費など研修受講費以外の費用負担は軽くなっているようである。

▼こんなに面白い新人研修の中身

新人研修は、大きく分けて4つある。①全国を対象にした中央新人研修、②関東等地方ごとのブロック研修、③東京などの都道府県ごとの単位会研修、④先輩事務所での配属研修である。

順番は、年度や都道府県毎に若干前後するようである。

①～③は主に講義形式の研修、④は実際の事務所での実地研修だ。

いずれも、不動産登記、商業登記、成年後見、裁判業務など各実務について必ずおさえるべき根幹の部分を業界の大先輩が自分の体験談を交えながら語ってくれる貴重な機会である。もちろん、司法書士登録後も様々なテーマでの研修があるが、一連の業務内容についてこれだけ集中的に学べる機会はない。

①~③の合計で約1か月間、④は1~3か月間程度だが、ここで学べる内容は一生ものの財産だ。資料も非常に充実しており、その場では完璧に理解できなくても、実際に業務に就いた後にも見返すことが多い。

筆者も含め、多くの人がそうだと思うが、新人研修時に配布される資料の素晴らしさは、新人研修を受講しているときよりも、実務に就いた後にわかることが多い。新人時代に業務に迷うと、大抵のことがその資料に記載されており、よく助けられるからだ。毎年、諸先輩方が新人のためになればと、検討を重ねている資料なので、実にツボをついている。筆者も現在ではさすがに見る機会はほとんどないが、今も大切に保管している。

①は、参加人数が多いということもあり、司法書士制度とは何か？　という大局的な目線の話も多くある。また、司法書士倫理の解説も重点的に行われる。受験時代には司法書士法のさわりの部分しか勉強をしていないので、司法書士だからこそ求められる高い倫理観・守るべき倫理義務について、新人のうちにその重要性をきっちりと身につけてもらうためだ。倫理違反となったために懲戒となった事例など、数多くのケーススタディが登場するため、司法書士という資格の責任の重さと怖さをある意味実感できる機会でもある。①に比べ、②・③では参加人数がコンパクトとなるため、より実践的で細かい専門分野についての研修が行われてい

る。特に③は、都道府県単位であるため、都道府県ごとの特色がかなり出ているようである。筆者のときも、東京は会社が多いということもあり、また外資系の会社もあるので、商業登記の分野では外国会社の対応などかなり高度な内容の研修も行われた。

近年では裁判業務や倫理に関しては、学ぶというよりも考えるということが大事であるため、講義形式ではなく、グループディスカッションなどの形式により、受講方法にも工夫が施されているようである。

また、筆者は令和元年から、本書執筆の令和6年まで、東京司法書士会の新人研修で商業登記の研修講師を担当している。今後も可能な限り継続する予定なので、本書の読者が司法書士試験に合格し、新人研修に参加した際には、役に立つ研修ができるよう全力を尽くす所存である。読者のみなさんとお会いできるのを楽しみにしている。

このように、司法試験の司法修習ほど長くはないものの、元々司法書士は、実務家登用試験であるため試験に合格すればある程度実務の知識が習得できているにもかかわらず、さらに新人研修が充実しているという点は、他の資格には並ぶべきものがない素晴らしい伝統だろう。

他方で、④は、先輩司法書士事務所で、無給なようではあるが実際に先輩が受任した案件を手伝い、解説を受けながら体験できるので、メリットはかなり大きい。①〜③では体験できない、生の事件の動きに触れられるからだ。

特に、事務所の求人が多くなく、合格後即独立を考えている人も多い地方では積極的に活用されているようである。東京の場合は、筆者もそうだったが、事務所の求人が多く、どこかの事務所が雇ってくれるので、配属研修に参加する人はそこまで多くないかもしれない。

▼同期の桜～友達たくさんできるかな～

研修は勉強だけではない、今後司法書士として一生付き合える友人作りも同じくらい大事だ。

特に①・②は、複数の県から同期が集まるので、他県の同期の仲間と知り合う最初の機会である。参加者の年齢は様々だが、同じ試験を潜り抜けてきた者同士であるから、受験時代の話など共通の話題は尽きず、お互い仲間を作ろうという意識があるので、仲良くなるのも早い。

全体の飲み会もそうだが、誰かが同じ出身大学だけに限定した飲み会などを開催するので、毎日が飲み会だ。その結果、実際の研修時は眠くなってしまい、つい寝ている受講生などがいるのもご愛嬌だろう。

だが、このときの仲間がきっかけで、将来は一緒に事務所を開業するという話も珍しくはない。実際、筆者の同期でも共同事務所で一緒にやっている人達がいる。

新人研修時には知り合いになれなくても、その後どこかの場所で同期だということが判明すれば、それだけで親近感がわくし、共通の同期もいるだろうから、話も盛り上がるだろう。

平成24年には、平成14年合格者の10周年記念同期会が開催された。当日は、地方からもたくさん人が集まり、皆それぞれに10年分の体験を語り合ったり、新人研修時代を懐かしんだり、とても楽しい時間だった。また是非いつかやってみたい。これも新人研修に参加していたからこそ体験できたことだ。

簡裁で活躍するぞ！

簡裁訴訟代理権取得を目指して

▼１００時間の簡裁訴訟代理権特別研修と認定考査って何？

司法書士が簡易裁判所の代理権を取得するためには、簡裁訴訟代理権特別研修（以下「特別研修」という）を受講し、その後認定考査に合格する必要がある。

現在では、新人研修の後ほどなくして、特別研修が実施されるため、直近の合格者のほとんどは、新人研修と併せて特別研修も受講する。

特別研修は合計で１００時間受講する必要があり、その中身は講義だけでなく、グループディスカッション・模擬裁判・法廷傍聴もある。

その内容を次に見ていこう。

▼課題と受講するのが大変！　～東京の場合

東京の場合を例にすると、まず１００時間受講するのが大変である。

現在だと5月下旬から7月の上旬まで、１か月強の間、一定のペースで研修会場（東京の場合、今は新橋）に通ったり、Ｗｅｂ会議システムを利用して双方向型のオンライン研修に参加する必要がある。

また、原則として遅刻・欠席が許されず、一度でも欠席すると研修の修了証が取得できないケースもあるので、注意が必要だ。

他方で、グループディスカッションは、事前に事例を検討してきていることが前提で、細かい解説などは行われないため、予習が必須であり、それが毎週行われるので、研修期間中は、研修がない日であっても、本研修の予習に追われる日々が続く。

そうして、1か月強の間、みっちり裁判実務漬けの日々を送り、簡易裁判所の代理人として活動するための素養を身に着けていくのである。

とはいえ、司法試験の場合は司法修習期間が約1年あり、全部とは言わないがその一部を約1か月で習得しようとするわけだから、ハードな内容になるのは当たり前といえば当たり前といえよう。

新人研修の場合は、どこか合格直後の気の緩みや仲間作りの側面も強いので、気楽な気持ちで参加できなくもないが、この研修はそうもいかない。

但し、裁判実務の素養を短期間で習得できるというメリットは大きいし、特別研修は、新人研修と同様、もしくはそれ以上に一生の仲間が得られる機会でもある。

▼ディスカッションが楽しい！ ～グループ研修

それはグループ研修というグループディスカッションを行う形式の研修があるためである。

グループ研修は、特別研修の受講生を1グループ10数名に分け（※1）、グループ毎にテーマに沿ったディスカッションを行いながら、指定された課題をこなしていく研修である。100時間ある特別研修のうち、グループ研修に割く時間が37時間あり、他の講義や模擬裁判に割く時間の倍以上あるため、最も特別研修で力を入れている研修といっても過言ではない。

そんなグループ研修、さらにⅠとⅡに分かれて実施される。

Ⅰでは、売買や消費貸借、交通事故、建物明渡など、基本的な事例と設問を基に各自が事前に予習したことをふまえ、グループ毎にディスカッションを行う。さらには、訴状や答弁書の作成にもチャレンジする。

Ⅱでは、より実践に近い形式となり、模擬裁判の準備を行う。予めグループ毎に指定された原告側・被告側に基づいて、準備書面の作成や証人尋問の準備をディスカッションしながら行う。裁判の書類は、形式面はともかく、主張内容などは決まった書式があるわけではないから、万人が一言一句同じ書面などはありえない。したがって、ディスカッションをしながらお互いの意見の違いを摺り合わせ、一つの書面を限られた時間の中で完成させたときの達成感はひとしおであろう。

また、グループ毎に、チューターと呼ばれる研修指導員（以下「チューター」という）が就く。

※1　平成29年度は名前の順であった。

チューターの役割は、受講生に教えることではなく、あくまでディスカッションが円滑に進むよう、補助することであるとされている。とはいえ、新人合格者であれば実務経験がない人がほとんどなので、いきなりディスカッションをしろと言っても無理があるであろうから、チューターが答えを教えない程度に、実際の裁判のポイントや実務の話をして、裁判のイメージを受講生につかんでもらうことが必要だ。そのため、チューターの役割は非常に重要であり、裁判実務経験が豊富な人がなるべきだ。

筆者も平成23年から平成30年までの間、日司連から委託を受け、チューターとして特別研修に参加していた。

筆者が受け持ったグループは有り難いことに毎年積極的に発言できる受講生が多く、どの班も活発な議論が行われていたので、有意義な研修が実施できたと推察される。受講生から出る質問も実務的な内容が多く、即答できないものもあったが、逆に筆者も基本を見直すいい機会になっていた。筆者の業務等の都合により、現在ではチューターをしていないが、また機会があれば再開したい。

▼合格率は約60％！　油断すると危ない認定考査

特別研修を休みなく受講し、無事終了証明書が得られれば、簡裁訴訟代理等能力認定考査（以下「認定考査」という）を受験する資格が得られる。

認定考査は、現在は毎年9月の上旬頃に実施される。問題は毎年異なるが、与えられた事例を基に、要件事実（※2）や請求の趣旨・原因、抗弁（※3）などの設問に回答していくものと、倫

※2　一定の法律効果が発生するために必要な具体的事実のこと。民事訴訟において、訴状の請求の趣旨に記載した「金●●円支払え」等の効果が得られるためには、原告はその要件事実を主張・立証する必要がある。

※3　被告が、原告の主張を排斥するために、要件事実とは両立するものの、原告の主張を排斥する新たな事実。例えば、売買代金支払い請求の主張に対して、弁済をしたとの主張（反論）である。

理事例に回答するものが出題されるようである。

筆者は第4回認定考査時の合格者だが、その時は賃貸借（※4）の問題が出た。近年は問題が難化していると言われているが、決してそうは思わない。あくまで法律と倫理の素養を問う問題には変わりがないので、特別研修で学んだことがきっちりとおさえられていれば問題がないはずである。

認定考査の合格率は、今だと約60％のようである。合格率は高い。

そう、落ちるべき試験ではないのである。法務省としても落とすことは想定しておらず、一定の点数が取れれば、受験者全員が合格できる試験である。

しかし、合格率は100％ではない。

なぜだろうか？　それを次に考えてみる。

▼元チューターの目から見た受かる人と落ちる人

チューターをしていたとき、グループ研修時になんとなくこの人は認定考査の合格が危ないな・この人は大丈夫だろうなというのが感覚として働いていた。

グループ研修は、受講生が決められた課題について事前に予習をしてくることが前提となる。

そして、グループ研修時には、グループ内でディスカッションをしたり、チューターが出す質問に対して受講生が回答する。

そのため予習をしていれば積極的にディスカッションに参加できるだろうし、質問の答え

※4　民法601条

に窮することもない。だが、予習をしてこないと、ほとんど発言をすることなくグループ研修が終わってしまう。

落とすための試験ではないが、試験なので絶対はない。とはいえ、グループ研修の課題を積極的にこなしていけば、要件事実の基礎は確実に身につくし、応用力も出てくる。

指定書籍を読んで理解ができないということはないだろう。だが、このグループ研修で何かを得た実感が全くないという人は、いくら認定考査までに独学で勉強して取り戻そうとしても、勘所がつかめていないので、手遅れになりやすい。

筆者がチューターをしたグループは幸いにも熱心な受講生ばかりだったので、チューターー時には心配していなかったが、それでも残念な結果となってしまった人もいた。特別研修の修了証さえもらえればいいという考えは絶対に避けるべきだ。

▼認定考査合格のための勉強法

特別研修時の必読図書の内容は全ておさえよう。暗記よりも理解が大事なことは、司法書士試験と同じである。したがって、勉強法は一緒であり、自問自答式がお勧めなことは同じだ。

特別研修が終わると多くの新人はいずれかの事務所で働くことになる人がほとんどなので、仕事にも慣れない時期だから、認定考査までなかなか勉強する時間やモチベーションを保つのが大変だという話をよく聞く。

それでも、仮に考査に落ちてしまえば、翌年受け直しとなり、翌年にはもっといろんな仕事を任されていて仕事も忙しくなる、かつ特別研修の知識も抜け落ちているので、合格へのハードルは年を重ねるごとに高くなってしまうだろう。

そうならないためにも、初年度に是非合格してほしい。

特別研修で使用する書籍の中でも、「要件事実の考え方と実務」（民事法研究会）と「司法書士簡裁訴訟代理等関係業務の手引」（日本加除出版）が勉強の中心になると考える。ここに記載されていることがきちんと理解できていれば、考査に落ちる可能性は低いと言ってよい。現在は、資格の予備校等で、認定考査の対策講座の実施やテキスト・書籍の販売も行われているので、独学に自信のない人は活用してもいいだろう。

令和４年度は売買（※5）と登記に絡んだ問題が出た。このように複数の論点を組み合わせる問題が今後も出る可能性は非常に高い。そのためには一つ一つの論点に関する要件事実等をきちんとおさえておく必要がある。

08 現場で困ったときの究極の対処法

同期や先輩に聞け！

▼同期は何でも聞けるよろず相談所

司法書士の実務は奥が深く、幅広い。そのため、実務経験をいくら積もうとも、初めてやる内容の案件（以下「初心者案件」という）が目白押しである。

※5　民法555条

会社の設立を例にとっても、単純な設立手続だけでなく、現物出資や法人・外国人が発起人となるケースなど、事例は様々である。

そのような初心者案件であっても、動じず、いい意味で依頼者にはったりをかまし、さも当然のように案件をこなしているような態度を見せられるかが、ベテランか新人かを分けるラインといっても過言ではない。

初心者案件を実際に受任したとき、まずは文献等で調査することが基本である。それで解決すれば、それに越したことはない。

ただ、初心者案件であればあるほど、そもそもどんな文献を見るべきかがわからないことが多い。さらには、そもそも不慣れな手続が多いので、自分の調査した内容・方向性が正しいのかどうかの確証が持てず、不安で眠れぬ日々を過ごすことも多い。実際に登記申請をしてから、取り返しのつかない補正(※1)にかかってしまっては、後の祭りである。

そうしたときに、不安を取り除いてくれるのが、新人研修や特別研修の同期の存在だ。

同期は友人なので、やはり何かあった時に質問しやすい。質問された同期も、同期が困っているならば、無下には断ったりはしないであろう。同期は研修時には、実務を何も知らない同士だが、その後数年も経過すれば、お互いに様々な実務経験をすることになる。しかも歩む道も様々なので、経験している内容や専門にしている内容も異なる。不動産登記を多数経験している同期もいれば、商業登記、裁判実務、成年後見を得意としている同期もいるだろう。したがって、当該分野を得意にしている同期にまずは質問、相談をしてみるというのも大事なことだ。一人で独立している事務所(以下「一人事務所」という)であれば、周りに相談する相手が

※1　登記申請内容・添付情報に不備があると登記官が判断した場合に、申請人・代理人に対して訂正を促す行為。補正が速やかに修正されなければ、登記申請が却下されることもある。

いないので、同期の存在というのは非常に心強い。

筆者も企業法務・商業登記を専門にしているので、その分野の質問を同業・同期から受けることが少なくない。

もちろん筆者も万能ではないので、即答できないこともあるが、それでも相談にのってくれるだけでも気が楽になるようである。筆者もどうしてもわからないことが出てきた場合には、まず相談する相手は同期である。それに救われたケースも多々ある。それほど心強い存在である。

▼先輩は最後の頼みのツナ

もう一つの有力な相談相手として、先輩司法書士がいる。これは、司法書士事務所に勤務をしている人であれば、同じ事務所の先輩や所長に相談することになろう。

しかし、一人事務所の場合には、自分だけなので、事務所に先輩はいない。

同期に質問するだけで解決すればいいのだが、中にはそうもいかない内容の案件もある。自分のキャリアが浅ければ、同じように同期のキャリアも浅いことが多いのでなおさらだ。

そうしたときに、先輩司法書士は自分よりも長年の経験と知識を兼ね備えた神様のような存在となる。

先輩司法書士も、自分が若手の時に先輩司法書士に助けられた経験があるので、新人司法書士が質問・相談をしても無下にはせず、親身になってくれる。

先輩司法書士と知り合うきっかけは、研修会など様々であるが、やはり一番は支部活動も含めた司法書士会内部の活動・会務であろう。

独立した直後は、仕事もさほど多くないであろうから、営業活動をするとともに、こうした司法書士会内部の活動にも積極的に顔を出し、先輩司法書士に顔を売っておくことも大事なことだ。

▼Win-Winの関係を築こう

同期や先輩に質問するといっても、いつも一方的に質問するだけでは、決していい顔はされないと思う。そうならないためにも、まずは、自分が一定の分野であれば同期から質問を受けても回答できるという分野を作ることである。そうであれば、質問されるだけでなく、同期が本当に手に負えない案件が来たときには、頼られる存在として共同受任するケースなどもあろうし、いくら同期に質問しても、特定の分野でいつも回答しているので、嫌な顔をされるどころか、こちらが頼まなくても積極的にいろいろ調べてくれたり、周りに聞いてくれることがある。

Win-Winの関係としては、お互い知識を提供し合えるのが理想だが、自分がそこまでのレベルに達していないと難しい。そのようなときは、同期の飲み会の幹事をやるとか、良質の合コンを提供する(笑)とか、先輩司法書士の場合は頼まれた会務を断らない(泣)などささいなことでもいいであろう。要は、相手にも得るものがないと、お互いの関係は長続きしないと考えた方がよい。質問される側は基本無償で回答している(自分の時間を割いていることを鑑みれば、むしろマイナス)わけだから、せめて質問される相手の気持ちになるべきであろう。

Column CASE 2

司法書士は住宅ローンが借りづらい？

司法書士の仕事は、マンションなどの不動産の決済が多いので、住宅ローンを組む金融機関とも日頃付き合うことが多い。

そうすると、社会的地位もあるし、日頃金融機関の内部のことも良く知っているわけだから、自分の住宅ローンも組みやすいのでは？　と思われがちだが、そんなことはない。

そもそも新築マンションであれば、自分で所有権保存・抵当権設定の登記すらできないケースがほとんどであろう。

司法書士も自営業である。そのため、住宅ローンの審査も自営業を前提に申請する。もちろん司法書士だからとの便宜などない。

自営業はサラリーマンや公務員に比べ、住宅ローンの審査は非常に不利である。サラリーマンや公務員は、額面の給与額を基準に審査される。一方自営業は、売上から経費を差し引いた後の所得金額を基準に審査される。自営業者は節税のために、極力所得金額を低く抑えようと努力をしているので、所得金額は売上に比べて低いことが多い。

そのため、同じような収入であっても、審査の基準額は、サラリーマンや公務員に比べ、自営業者の方が圧倒的に低いことが多いのだ。さらには、自営業の場合には、直近3期の平均で基準額を決定することが多いので、住宅を購入する直前に調整しようと思ってもできないのだ。

筆者も司法書士登録3年目の平成18年に、今住んでいるマンションの購入を決めたが、筆者自身の所得金額では、住宅ローンの審査が通らず、共働きをしていた妻の収入を合算し、かつ所得は低いが実際にはローンの支払いが可能であることを証明するため家計のキャッシュフロー（収支計算書を作成して、ようやく信託銀行1行のみ（都銀は全滅だった）審査が通ったという経験をした（本来は住宅ローンの審査が通りやすい、新築マンションで、かつ不動産会社経由のローン審査であったにも関わらずである）。

そのため、金利がどうのと比較する余地もなく、とりあえず借りられただけよかったと当時は安堵したものである。

もし、住宅の購入を検討するのであれば、3年前くらいから、経費を調整するなどの準備が必要である。

また、登記が自分でできないという話だが、もちろん所有権保存・抵当権設定登記は、日々業務として行っているので、本来は可能である。但し、新築マンションの場合には、不動産会社、金融機関の書類の準備の関係で、先方から司法書士事務所、土地家屋調査士事務所を指定されてしまい、それが売買契約書などに盛り込まれている。

そのため、自分で司法書士を選んだり、登記申請をすることができないのだ。まあ、これは交渉次第でどうにかなるのかもしれないが、筆者はそこまではしなかった。せいぜい、担当の司法書士に早く「登記識別情報」を送れと催促し、日々自分が依頼者から言われていることを自分でしてみて、鬱憤を晴らした程度だ（笑）。

後日、新築マンションの案件をよくやっている知人の司法書士にその話をしたところ、「嫌な顧客だね～それは」と言われてしまったが（笑）。

ちなみに、何年か前に事業口座の金融機関で住宅ローンの借換をしたときは、審査で何も言われず、スムーズに借換えできた。

借換時には、既に司法書士として10年以上も業務をしていたので、こいつは返済できるだろうと金融機関が思ってくれたのだろうか（笑）。

第3章 司法書士試験に合格したら［独立開業編］

合格したら即開業？
都市部か？　地方か？

▼都市部より地方での司法書士の活躍の場所

司法書士の現在の登録者数は約2万3000人（※1）である。地域ごとで登録数が最も多いのは、東京（※2）で、次に大阪、愛知、神奈川と続く。これは弁護士など他の士業であってもほぼ同じであろう。司法書士の場合には、合格後すぐには登録せずに事務所等に勤務する人も多いので、有資格者の実数はもっと多いが、毎年新規登録者・登録削除者が出ているので、微増はしているものの、ここ15年くらいは会員数が約2万人である。

弁護士同様、司法書士も都市部に人数が集中している。そのため、都市部での競争は激しい。司法書士だけでなく、弁護士や行政書士、社会保険労務士などの隣接法務職種も多くいるので、余計にである。

登記業務は、国が登記という制度を廃止しない限りなくならない業務ではあるが、無限にあるわけではない。不動産や会社が動かないと登記業務は発生しない。長引く不況の波が司法書士にも押し寄せており、登記業務は限られたパイであるのが現実であろう。筆者も司法書士登録をしてから20年程度なので、バブル期など昔の現場を体験しているわけではないが、諸先輩方に話を伺うと、昔はよかったと話をされる人が多い。昔は、法務局の近くで開業をし、近くの銀行の支店や不動産会社に挨拶周りをすれば、そう遠くない時期に抵当権抹消や登記

※1　令和5年8月1日時点の登録者数は個人が2万3098名、法人が1136法人。

※2　令和5年8月1日時点の登録者数（個人）は、東京が4584名、大阪が2500名、愛知が1305名、神奈川が1265名。

簿謄本の取得などの簡単な案件の依頼があった。それをこなしていくうちに担当者の信頼が得られれば、お抱えの司法書士として継続的に案件の依頼があったものである。

また、法務局が今ほど窓口相談で登記手続の基本を懇切丁寧に教えてくれる時代ではなかったので、そもそも本人で登記を申請するという発想自体が少なかったようである。一様に登記案件(特に不動産登記)であれば、司法書士にという時代があった。

しかし、銀行の支店の閉鎖や登記のオンライン化、インターネットなどによる情報の普及などにより、現在では状況が激変している。老舗の司法書士事務所には、昔からの付き合いなどで継続的に不動産登記案件があるだろうが、今は法務局の近くで開業しても、安定的に開業当初から登記案件の依頼がくることはまずない。昔はたくさん登記案件が来ていたけど、今はさっぱり来なくなったという話もよく聞く。

とはいえ、筆者も含め、これから長い司法書士人生を歩もうとしている人にとっては、過去の話は正直どうでもいい。これからどうするか？　である。

筆者は、一人事務所で開業をするのであれば、都市部ではなく、司法過疎地や自分の故郷での開業を勧める。銀座や内幸町等都市部でずっと司法書士業をしている筆者の意見とは思えないとの反論が来そうであるが、筆者の場合は、弁護士事務所内での開業という、特殊なパターンなので、一人事務所で独立しようとしている人とはまた状況が異なる。

地方だから登記案件が多いというわけではないが、地方は司法書士だけでなくそもそも法律専門家の絶対数が少ない。その分人口や企業も少ないのでは？　という疑問はもっともだが、ゼロではないし、人がいるところ、何らかしらのトラブルはつきものである。

弁護士が少ない又はゼロワン（※3）地域であれば、街の法律家と呼ばれる司法書士に求められる期待は大きい。

地方で開業している知人に取材したところ、登記案件が少なくとも、成年後見や債務整理、隣人トラブル等の裁判業務など他の業務内容の案件が多いため、開業以来、仕事の獲得に困ったことはないとのことである。

また、不動産会社や銀行はどこにでもあるわけだし、人がいる以上、個人の住宅もある。なので、不動産登記案件もそれなりに期待できる。企業は都市部に比べれば少ないだろうが、中小企業はあるだろうし、同族企業であれば事業承継などの企業法務分野の仕事もある。

地方で開業する場合の苦労として考えられるのは、見知らぬ土地の人間関係の構築であろうが、それは都市部でも変わらない。都市部で開業しても多くは新規顧客なのだから、人間関係を構築するためのコミュニケーション能力が必要となることは同じである。

もし、読者の方の故郷が地方にあるのであれば、故郷での開業を特にお勧めする。故郷であれば人間関係がある程度できているし、地方であれば地方であるほど、その結びつきは元々強いからである。

ある後輩が司法書士試験合格後、故郷で開業したところ、農地絡みの案件がほとんどという話を聞いた。それも単なる農地の所有権移転だけでなく、農業生産法人の設立など、商業・法人登記絡みの案件にまで結びついているようである。しかも一件当たりの報酬も大きいらしい。

さらには、近年は、都市部の企業が子会社で地方に農業生産法人を設立するというケースも

※3　事務所登録している弁護士が0名又は1名の地域のこと。但し、日弁連の弁護士過疎・偏在対策により、現在ではゼロワン地域はほとんどなくなっている。

増えてきている。そのような相談がもし筆者に来た際は、何はなくともこの後輩司法書士に相談するであろう(笑)。

他方で、ある同期の司法書士は、東日本大震災(以下「震災」という)のあった地方が故郷なので、合格後数年たってから、故郷で開業した。地方銀行や不動産会社などもおさえ、かなり順調に事務所を経営していた。そんな最中、震災があったので、心配になりメール等で連絡をしたところ、さすがに震災の直後は不動産登記案件の依頼がなかったものの、現在では震災の前よりも多くの案件に追われるようになったと言う。不況など全く関係ないらしい。

日本国内であれば、司法書士という資格は平等である。都市部で開業する方がメリットが大きいという考えは捨て去るべき時代であろう。

▼民間企業への就職？ それとも事務所勤務？ 即開業？

司法書士の活躍の場は、独立だけではない。司法書士事務所に永続的に勤務をし、所長の信頼を得て、番頭やパートナーの立場となる人も多い。厳しい現実もあろうが、それは後述する。都市部であれば、司法書士法人など大人数の司法書士を必要としている事務所も多いので、就職には困らない。事務所の良し悪しや条件面の問題はあろうが、少なくとも求人はある。

筆者としては合格後即独立はお勧めしない。合格前に補助者経験がある人は別だが、そうでなければ、数年程度は司法書士事務所での勤務を勧める。筆者は司法書士事務所に半年ほど勤め、その後弁護士事務所に移り、結果としてそこで登録・開業となったが、司法書士事務所の勤務経験が少なく、苦労した記憶の方が多い。もちろん全ての業務を完璧に身につけてから開業することは不可能だし、それに意味はないと思うが、勤務した事務所の所長の仕事のやり方（単純な業務だけでなく、営業手法など）を一通り身につけてから、独立開業する方がいい。

他方で、事務所だけではない。一般企業でも司法書士の活躍の場はある。折角、合格したのに？　という声もあるかもしれないが、法務部や経営企画室などの専門部署であれば、司法書士試験や実務の知識があると重宝することが多い。もちろん司法書士実務の枠外の仕事もたくさんあろうが、法的素養があるので、応用しやすいのだ。

また、ベンチャー企業の法務スタッフとして就職し、最終的にはその企業が上場すれば、ストック・オプションで一財産ということもありえる。それを何社も繰り返せば、実務経験、知識、財産の全てが揃うことになる。これは大きい。

プロローグで少し述べた筆者の知人で、ベンチャー企業を何社か渡り歩いている人がいる。筆者も企業法務を専門にしているので、ＩＰＯ実務など登記とは直接関係ない法務の知識もそれなりにあるが、やはり現場にいる人は違う。特定の会社についてだけのこととはいえ、上場準備から審査、上場に至るまでの経験は、企業法務に携わる者であれば喉から手が出るほど欲しいであろう。筆者も一時期は真剣にベンチャー企業への転職を考えたくらいである。仮に、その人が独立開業したとすれば、ＩＰＯ実務の経験があることは強みになるし、成長した企業で昇進していくのもいいだろう。又はヘッドハンティングされることだってありえる。これも司法書士の成功例の一つであることは間違いない。

他方で、プロローグで述べた通り、現在は、日本組織内司法書士協会という企業で働く司法書士同士の情報交換等のための団体があるので、昔に比べると企業で働く際の注意点等の情報収集が可能になっていると思う。実際に企業で働くことになった際には、入会をお勧めする。

一般的な開業方法

一般的な開業方法としては、合格後、数年程度司法書士事務所に勤務して実務の基礎を学び、独立開業する資金を貯め、その後独立するというパターンが多いであろう。

独立前に複数の事務所に勤務する人も多い。それは、事務所によってメインとしている業務が異なるので、可能な限り多種多様な経験を積むためには必要な作業だからだ。

一般企業であれば、就職してから少なくとも3年は働かないとその業界の仕事の基礎は身につかないし、履歴書にも傷がつくと言われる。

だが、司法書士業界にはこれは当てはまらない。もちろん、特定の事務所に長く勤めることが悪いわけではないし、その事務所でパートナーを目指すためには永続勤務した方がよい。

しかし、一刻も早く独立したいとい人の場合には、3年同じ事務所に勤めるのは長いかもしれない。開業前にいくつかの事務所を経験したい場合には余計にである。

何人かの知人に取材をしたところ、一つの目安は1年とのことだ。司法書士事務所の場合、よほどの大事務所でなければ、新人でも即戦力を期待している。実務家登用試験である司法書士試験に合格して、新人研修も経ていれば、登記等の実務の素養はあるからだ。

したがって、入所当初から、仕事はどんどん振られることが多い。先輩からの指導も実務をしながら都度という感じである。一般企業のような新入社員研修やＯＪＴ（※4）は皆無に近い。

多くの司法書士事務所は中小零細企業と同視だからである。

※4 On-the-Job Training。企業内で行われる意図的・計画的・継続的指導等の企業内教育のこと。

筆者も社会人経験がなかったのでこれに一番とまどった。司法書士業務に関するものはともかく、電話応対やパソコンの操作方法などはほぼ未経験に近かったので、依頼者からの電話をいきなり切ってしまったり、郵便物で「書留」が何であるかすらわかっていなかった時期もあった。それでもどんどん仕事は来る。とはいえ、人間、そういう環境に置かれると慣れるもので、今となっては笑い話になる。

若干話が横道にそれたが、司法書士事務所の場合には、最初から責任ある仕事がどんどん振られることが多いので、その分成長も早いということである。そういう意味で一般企業の3年に相当するのが1年と考えても過言ではないであろう。

▼弁護士事務所内での開業方法

さて、筆者の場合はどうか？　というと、結論から述べれば一般的なケースではない(笑)。今までほぼ同じスタイルで仕事をしているなという司法書士に会ったのは、5人くらいである。司法書士の知人は500人くらいはいるので、割合であれば1%。

まず、債務整理業務を専門にしている弁護士事務所以外で、司法書士を抱えている弁護士事務所が少ない。大手ローファームであれば、法務スタッフとして司法書士の有資格者を抱えているところは多いが、司法書士登録をさせ、裁量を与えて仕事をさせている事務所はわずかなようだ。

一方、筆者の場合は、所長の信頼を得ていることもあり、弁護士事務所内で司法書士登録をし、仕事面・営業面でもかなりの裁量を与えてもらっている。

とはいえ、最初から今のようなスタイルだったわけではない。

筆者は、最初に就職した司法書士事務所を辞めた理由は、年齢が若かったこともあり、司法試験を受験(当時はロースクールがなかった)しようと思い、司法書士事務所では残業が多く、勉強時間が確保できないので、退職した。実家暮らしとはいえ、無収入では生活もできないので、司法書士とは関係なく、残業がほとんどないことを期待して法律事務職員として法律事務所に就職した。実際残業はなかったが、司法書士案件はもちろんやらず、たまに当時の所長が持ってくる登記案件を弁護士の指導の下行っていたくらいである。

そのような状況の中、弁護士事務所に代替わりがあり、当時の所長から司法書士登録をして自分の名前でやってみないかと言われたのが平成16年である。

正直、悩んだ。

司法書士事務所での勤務経験もほとんどない自分が、登録してやっていけるのだろうかと。だが、結果として、この時登録という選択をしたから、今の自分があると思う。当時の所長と今の所長には感謝しても感謝し足りないくらいである。

弁護士事務所のスタッフ弁護士と同様、一年更新の契約を事務所と締結し、司法書士業を今も営んでいる。所属しているフォーサイト総合法律事務所は平成23年に設立した事務所だが、設立前の弁護士事務所にいた弁護士メンバーのほとんどが創業メンバーとなって設立した事務所なので、事務所の経営者メンバーとの付き合いは、20年位になる。

今では事務所経由の案件が優先すべき案件であるという縛りはあるものの、それ以外は筆者の個人的な依頼者の開拓など、かなり自由にやらせていただいている。

完全な独立開業ではないだろうが、設立から10年以上経った現在もフォーサイト総合法律事務所に司法書士は筆者だけなので、登記案件の裁量は全て筆者にある。仕事の進め方や依頼者とのやり取りから案件完了時の依頼者への報告・費用の請求まで、全て筆者が行う。ほとんど独立しているのと変わらない。

もちろん一人事務所を開業したり、何人かの知人と事務所を開設するという選択肢もあろうが、これが自分のスタイルだと思っている、新人司法書士にもお勧めする開業手法の一つであると自負している。

そもそも、司法書士を求人している弁護士事務所が少ないので、誰しもが目指せる開業スタイルではないかもしれないが、チャンスがあれば是非チャレンジしてほしい開業方法である。何か困ったら筆者に相談すればいい(笑)。実際に本書を見て連絡をしてくれる司法書士も少なくない。

▼他士業との連携方法

司法書士として独立開業をする上で必須となるのが、他士業との連携である。

司法書士業務も多岐にわたるが、世の中全ての問題を解決できるわけではない。弁護士や税理士等、他士業の独占業務となっている業務について、司法書士が行うことができないからだ。

勿論、司法書士だけでなく、他の士業資格を自分で取得すれば、ダブルライセンス・トリプルライセンスとして、他の士業の業務も行うことが可能になる。

しかし、司法書士だけでも多種多様な業務があり、さらに他の士業の業務にも手を広げるとなれば、一人でその知識を身に着けるだけでも多大な労力と時間を費やすことになるだろう。さらには、独立してから年数が経過し、仕事を多数獲得できるようになってくると、司法書士業務だけで手一杯となることが多く、他士業の業務まで手が回らない可能性も高い。

筆者は、司法書士だけでなく、行政書士登録をしており、従前は、役員変更等の商業登記業務に付随して、建設業関連等の行政書士業務をしていた時期がある。

だが、現在では、行政書士業務までは手が回らず、行政書士業務に関しては依頼者に対して質の高いサービスを維持できる自信が無かったので、行政書士業務に関する相談があったときは、提携している友人行政書士に仕事を紹介するようになった。

確かに、依頼者としては、ある程度ワンストップサービスを期待していることも少なくない。但し、全ての業務を自分一人や一つの事務所で行わなくとも、信頼できる他士業の友人を依頼者に紹介することができれば、依頼者に喜ばれることは多い。

また、他士業の友人とお互いに得意とする業務に関して依頼者を紹介しあえれば、双方にとってメリットが高いので、そのような関係を様々な士業と築くことが理想と考える。

具体例があった方がイメージし易いと思うので、会社設立の業務を例にして、他士業との連携方法を紹介しよう。

会社設立をする場合、定款等の必要書類を作成し、公証役場で定款認証をした後、法務局へ設立登記申請をすることで、会社設立自体は完了する。これらの一連の業務は司法書士で対応可能である。

とはいえ、会社は設立して終わりではない。その後、事業を運営していく上で、複数の役所に届出をし、毎年の税務申告、事業が順調に成長すれば従業員を雇う必要も出てくるだろう。その様々な場面で相談できる士業が異なってくる。

例えば、建設業や飲食業等、事業を開始する際、管轄の役所に事前に許可を得る又は届出をする必要がある業態が多数ある。そのような場合には、当該事業に関する許認可・届出業務を専門にしている行政書士を紹介する必要があるだろう。

毎年の税務署への税務申告や開業時の届出、帳簿書類の作成等、税務や会計に関することであれば、税理士を紹介する必要があるだろう。

資金調達が必要であれば、税理士で対応可能な場合もあるが、銀行借入だけでなく、ベンチャーキャピタルからの出資等様々な形での資金調達を検討するのであれば、資本政策の策定も兼ねて、公認会計士を紹介すると良いだろう。

従業員を雇うことになり、労務管理や就業規則の作成、労基署やハローワークへの手続が必要になったのであれば、社会保険労務士を紹介するのがお勧めだ。

さらには、ある程度の法律問題は司法書士でも対応可能だが、株式上場を目指す等企業の成長スピードが上がり、複雑な契約書の作成や金額規模の大きい売掛金の回収等の法的トラブルや予防法務の必要性が出てきた際には、弁護士を紹介すると良いだろう。

商標や特許等、企業のブランドや技術の保護の必要性を感じた際には、弁理士を紹介すると良いだろう。

このように、会社設立の業務だけでも、様々な専門家が関わる可能性がある。独立開業をした際には、積極的に他士業の友人を作り、どのような相談が来たとしても、他士業の友人を紹介する体制を整えることは非常に大事なことと考える。依頼者との間でも、依頼者が抱える様々な悩みに関して司法書士が窓口となれるような関係値を築き、その悩みに応じた専門家を紹介できるのがベストと考える。

10 実務を覚える！

事務所入所が基本

▼司法書士の就職活動の現実

司法書士の実務を覚えるためには、司法書士事務所で勤務をするのが一番手っ取り早い方法だし、それが基本だ。多くの先輩司法書士達も新人時代には、どこかの司法書士事務所で勤務した経験がある。

だが、昔に比べると、司法書士事務所の求人自体は減っているような印象だ。特に東京等の大都市以外の地方では、有資格者であっても求人自体が少ない。そのため、配属研修などを利用して実務を学び、即独立する人も少なくないだろう。

とはいえ、東京であれば、東京司法書士会や転職会社などに多くの事務所が求人を常時出しているので、司法書士有資格者であれば、どこかの事務所で勤務できる可能性は高い。

ただ、どの事務所も専門分野や取扱件数が多い分野というものがあり、一つの事務所で全ての実務を学ぶのは難しいだろう。

また、不動産登記や債務整理を多く扱う事務所は、マンパワーを必要とするため、求人も多いが、商業登記や成年後見を専門としている事務所は、大人数を雇用している事務所が多くないので、そのような事務所が求人を出しているケースは少ない。仮にタイミングよく求人を出していれば、数少ないチャンスかもしれないので、もし、独立した際にそれらの業務を扱いたいと考えている場合には、積極的に就職希望するのがいいだろう。

他方で、多くの司法書士事務所は、少人数・小規模なので、所長ないしは先輩所員との人間関係が影響することも多い。大企業であれば、部署の異動願いや配置換えで済む話でも、司法書士事務所ではまずそのようなことはない。所長等との人間関係が悪化してしまえば、もろにそれが仕事に影響する。そうならないよう気遣いは大事にしたいし、どうしても合わなければ折角司法書士という資格を持っているのだから、開き直って辞めてしまうのも手だろう。一般企業であれば3年は一つの事務所に勤めなければ履歴書が傷つくとか転職しづらいということがあるかもしれないが、幸いにも司法書士事務所は業界的に転職が当たり前なので、その点はあまり心配がない。

とはいえ、司法書士の世界は狭い。勤務していた司法書士事務所の所長と、自分が独立した後も司法書士会内部の仕事等で顔を合わせる可能性が非常に高いので、気まずいことにならないよう、辞め方には注意したい。所長の顔に砂をかけるような辞め方は避けるべきだ。筆者は実は若気の至りでこれをしてしまい、未だに気まずく思っている……。まだ辞めた後一度も当時の所長には会ったことはないのだが、会ったらどんな顔をしていいかわからない(泣)。

▼有資格者でも給料は安い？

筆者が受験していた時の予備校等のパンフレットには、司法書士の平均年収は１４００万円とあった。今はそこまで高い年収をパンフレットには記載していないようだが、独立した時の年収は１０００万円以上と書いてあることが多いようだ。

筆者もそうだったが、これに期待してしまい、勤務時代でも月50万円とか60万円とかもらえるのでは？　と期待する人も少なくない。

だが、勤務時代にこんなにもらえる事務所はまずないと言っていいだろう。あったら筆者に教えてほしい(笑)。

比較的給料が高いと言われている東京都内であっても、初任給は月20万〜25万円程度が多い印象だ。筆者が勤務時代に勤めた事務所も業界的には給料が高い方だったと思うが、その範囲内だった。新築マンション等の大規模な不動産登記案件や債務整理業務を多数扱っている事務所であれば月30万円を超えるところもあるらしいが、資格手当込みということで残業代が出なかったりする。

5年以上勤務しても月20万円未満という事務所も少なくないようだ。

ボーナスも業績次第だろうから、決まった金額が毎年出るというところも多くない。

したがって、一般企業の会社員から司法書士の世界に入ってきた人は、総じて給料が大幅に減ってしまう。

そのため、勤務時代は、独立までの準備期間と割り切り、給料に多く期待せず、むしろお金をもらえて実務が学べてありがたいと思うべきだ。そう思わないとやっていけないという意見は多い(笑)。

長期間勤務をしても、給料が倍になるなど格段に上がるところもほとんどないみたいだ。事務所によっては、2年間勤務をしたら一人前ということで独立を促し、所長等の経営陣に認められパートナー(経営者側の社員)にならない限り、事実上の退職を促す事務所もあるみたいだ。

本書の執筆に際して多数の知人司法書士に取材をしたが、独立志向が全くない人を除けば、長期間勤務を続けるメリットがないと回答する人がほとんどだった。

その事務所の所長が引退を考えていて跡継ぎを探しているとか、人間関係が良好で自分に独立志向がないとか、パートナーになれるしそれを目指したいとかの事情がない限りは、一つの事務所で5年10年と働き続けるメリットはほとんどないと言っても過言ではない。

実務を学ぶ姿勢

多くの司法書士事務所の場合、中小零細企業と変わらないので、人手はギリギリのところが少なくない。

そのため、司法書士試験合格者であれば、即戦力として期待されているため、大企業のように実務に関して手厚い指導を受けることは難しいだろう。

筆者が司法書士事務所に勤務していた際も、実務をやりながら覚えるために、最初からいくつかの案件を任され、進め方がわからない場合は自分から先輩司法書士に確認するというやり方だった。

したがって、司法書士事務所に入所して、実務を学ぼうと思ったら、受け身の姿勢では厳しいだろう。

最初のうちは、任された案件に注力することで精一杯だと思うが、ある程度慣れてきたならば、将来の独立を見据え、自分が興味のある分野に関する案件について、積極的に関与させてもらえるよう、事務所の所長や先輩司法書士に相談することをお勧めする。

また、多くの司法書士事務所では実務に関する書籍が充実していると思うが、直接自分が関与している案件以外のジャンルの書籍であっても、興味がある分野であれば、積極的に読んでおくことも有益だ。

また、所長がどのようにしてクライアントを獲得しているのかの営業手法を積極的に見て学ぶのも良いだろう。

司法書士試験に合格した後の司法書士人生は、まさに十人十色で決められたレールは無いので、自分なりに計画や目標を立て、それを達成するための積極性が非常に重要と考える。

あこがれの独立開業！

現実は甘くない？

独立にかかるコスト

司法書士は独立しやすい。これは事実だ。

その最大の要因は、開業時にかかる費用が圧倒的に安いからだ。商品を販売する会社であれば商品を仕入れる費用や在庫管理費用がかかる。同じ士業の土地家屋調査士であれば測量のための機械代が必要だ。弁護士の場合には、自宅開業・事務員ゼロというのはほぼないので事務所を借りる費用・人件費が必要だ。

しかし、司法書士の場合は、これら全てが不要で開業できる。一人事務所でスタートするのであれば、都心でも200万円（※1）ほど開業資金があれば、かなり立派な事務所を構えられる。パソコンや携帯電話は必須だが、それらは元々持っている人が多いだろうし、プリンタもA4サイズで十分だ。事務所は、依頼者宅へ訪問することを原則にすれば自宅でもいい。そうすれば200万円もかからない。

もちろん、ずっとこのままというわけにはいかないだろうが、最低限必要なコストが多くないので、開業にあたって借金をする必要がないし、在庫商品を抱える心配もない。

したがって、とりあえず開業してみよう。ダメだったら廃業して、数年勤務してからまた開業すればという柔軟さもある。

※1　司法書士会への登録等費用が約30万円・事務所を借りる際の当座の家賃、権利金、敷金が約100万円・コピー、FAX、パソコン、電話等が約70万円。

▼独立後の司法書士の年収って？

以前、日司連が発表した司法書士の年間報酬額は平均１４００万円とされ、予備校のパンフレットでも司法書士の収入は１０００万円くらいで記載されていることが多い。

では、現実はどうだろうか？

もちろん、独立をすれば、依頼者からもらった報酬が全て自分の収入なので、可能性は十分ある。

だが、実際には、収入から、事務所家賃や光熱費、補助者の給与など事務所運営にかかる固定費などを差し引くことになるので、手取りで１４００万円というのは、かなり高いハードルだろう。日司連が発表した数字もあくまで報酬額なので、経費控除前の数字である。

多数の知人の司法書士に取材をしてみたが、皆一様に手取りで１４００万円はありえないという反応だった。何人ものスタッフを抱えている所長クラスでも、その分人件費がかかるので、売上でいえば１億円以上あるが、自分の手取りとなるとそこまで残らないようだ。そもそも売上ベースでも１０００万円は厳しいという回答も少なくなかった。但し、東京に比べ、地方の司法書士の方が景気はいいようだ。東京に比べ人件費や家賃などの経費がからないということもあるだろうが、１４００万円くらいは余裕で手元に毎年残るというツワモノな知人もいた。ちょっと羨ましい(笑)。

筆者の場合はというと、ここ15年以上、収入としては１０００万円を超えている。筆者の場合は、弁護士事務所に所属しているため、弁護士事務所から支給される給与＋自分で依頼者を開拓した際に得られる個人の売上と二段構えのため、それなりに収入は安定している方だと思う。近年は、大企業との顧問契約もあるため、大分収入は安定している。

また、経費も事務所に固定で払う家賃や人件費がないのでかからない方だろう。それでも業務に関する書籍代や研修費、依頼者との交際費など結構な経費が毎年かかる。業務に関する書籍は我々の生命線なので、惜しんではいけないし、買うときはお金を気にしないが、確定申告をする際に少なくとも50万円程度計上しているので、今年もこんなに買っていたかと年末に後悔するときがある。まあ、それでも興味のある本があれば糸目はつけないわけだが。漫画もね(笑)。

但し、収入が高ければ高い方が良いというわけではないと感じる。売上を上げるためには、その分多くの仕事を処理する必要があるが、反面プライベートの時間が減ってしまうだろう。

筆者も当初は、仕事がなくなる日がいつか来るのではないかという漠然とした不安につきまとわれ、プライベートを鑑みることができない時期があった。

その時は、収入面では多少良かったかも知れないが、プライベートなどなく、毎日ストレスでイライラしていた。妻や子供にも八つ当たりをしてしまっていた。今考えても全く幸せではなかった。

知人の司法書士も言っていたが、確かに頑張れば頑張るほど、収入は上がる可能性がある。だが、お金のことだけなら、もっと効率のいい仕事があるし、司法書士になる意味はほとんどない。

生活する上でお金は必要だが、それは過剰な節約をしないで済むように、結婚後や子供ができたときでも、それなりに美味しい物を食べ、趣味にお金を使えるような生活ができれば、十分ではないだろうか。むしろ家族や友人、プライベートの時間などを大事にしたい。司法書士はそれをするには十分すぎる資格だろう。独身者であれば年収800万円、家族持ちであれば世帯年収で1500万円が人生の満足度が高いと聞く。筆者の感覚としても同感である。お金のことをあまり考えずに、したいことをしたい時にできるラインが、この位の収入なのだろう。独立した場合は、まずはこのラインを目指してみて、その上で、自分が最終的にどのような司法書士になりたいかを考えるのが良いように思う。

依頼者・企業のニーズに答え、感謝の言葉をいただく。そして信頼され、また次の仕事をもらえるようになる。これこそが司法書士の最大の喜びであり、一番楽しいことだ。それが若くしてできるチャンスがあるのが司法書士という資格だ。

まあ、悩みといえば、誰からも頼られてしまうので、仕事を抜きにした友達というのを司法書士になった後探すのは、大変かもしれない。そういう意味では学生時代・バイト時代の友達は貴重だ。ただ、そういう友人も最近は社内でそれなりのポジションになってきたので、いろいろ相談を受けることが多いが(笑)。お酒を奢ってくれるのでよしとしよう。

子育てとの両立はできる？　ママさん司法書士のホンネ

筆者は、出産後に仕事の復帰を考える、また子供が小さいときに何かを資格を取るということであれば、士業はお勧めだし、その中でも司法書士を特にお勧めする。

司法書士の主力業務である登記や成年後見などの業務は、法改正や運用の変更は多少あろうものの、税制・社会保険・IT関係のように毎年変わるわけではないので、出産等で一旦司法書士を辞めても復帰しやすい。産休制度がある事務所は多くないとは思うが、求人はあるので、どこか別の事務所で就職できるだろう。子供の小さいうちは自宅でワークライフバランスを大事にしながら開業という手法もあるなど、自由度は高い。

また、日々家事や育児など膨大な数のタスクがあるものの、一つ一つの作業はそれほど時間がかからないという主婦業と、一件当たりの登記に要する時間は多くないが膨大な数をこなすことになる司法書士業はなじみやすい。いずれも細々としたタイムマネジメントが重要なので、まさに主婦向きだろう。成年後見業務であれば高齢者との話題で、子供の話や料理の話などをすれば鉄板で盛り上がるに違いない。

実際のママ司法書士にも取材をしてみたが、デメリットよりもメリットの方が大きいようだ。

確かに子育てや家事など司法書士業務以外に割く時間は多いが、それはどの職業でも一緒だし、旦那さんの協力があれば問題ない。今は共働きが当たり前の時代だし、その中では割く時間に比べると高単価の報酬が得られる司法書士はまさにうってつけだ。目をみはるほどの収入をママ司法書士が得るのは難しいかもしれないが、旦那さんの晩酌に毎日プレミアムモルツをつけてあげられるくらいは余裕だろう。それさえしておけば、旦那さんも文句は言わないはずだ(筆者だけかもしれないが……)。

たとえば、ママ士業をブランド化して、ママ士業だけの集まりもある。その中で筆者が一番注目しているのが、公認会計士の神野　美穂(こうの　みほ)さんら、ママ士業が中心メンバーを務めるママ士業の会(http://mamashigyo.office-kanae.link/)だ。

平成23年7月に立ち上げをされ、現在でも100名以上のママ士業が定期的に集まり、セミナーを開催するなど勢力的に活動されているようだ。筆者は入会資格が残念ながらないが(泣)、筆者の友人のママ士業を何人かこの会に紹介をし、皆楽しく活動しているようだ。

遠くない将来、ママであることがマイナスではなくプラスである士業の時代は必ず来るだろう(既に来ているかもしれないが)。そんなことを確信するパワーを彼女たちからは感じる。

12 待っていても仕事は来ない?

司法書士の営業活動のホンネ

▼司法書士にもマーケティングの意識が必要!

司法書士もサービス業である。司法書士も法務局の近くで事務所を開業さえすれば仕事が来るという時代はもう終わっている。法務局の近くには、営業しているかどうか不明な事務所もいくつかある。一方で、オフィス街の一等地のビル内にある事務所も少なくない。

この差はどこからくるのか?

筆者は、司法書士というサービス業の特性をつかみ、マーケティングを意識することが重要と考える。

サービス業といっても一義的ではない。図のように、4つの種類(スタイル)に分かれる。

能力・訓練必須スタイルというのは、一人前になるために高い技術・知識が必要なのでトレーニング・研修などが必要なジャンルだ。

提案スタイルというのは、一定のマニュアルに沿って作業するだけではなく、顧客一人一人のニーズに合わせて業務を行う必要があるジャンルだ。

司法書士は、ホテルのコンシェルジュやバーテンダーと同様に、能力・訓練必須スタイル兼提案スタイルであると考える。

司法書士は、物を売る商売ではない。目に見えない知識や信頼を売っている。

したがって、周りの司法書士と差別化を図るためには、何かしら専門分野という目に見えやすい形で、信頼を得る必要があるだろう。そのためには、その分野について多数の経験が必要だし、経験が不足している間は、研修や文献等で知識を高めていくほかかない。また、それを内面に抱えているだけでなく、依頼者ないしは依頼者の候補となるべき人・企業にアピー

司法書士の特徴は？

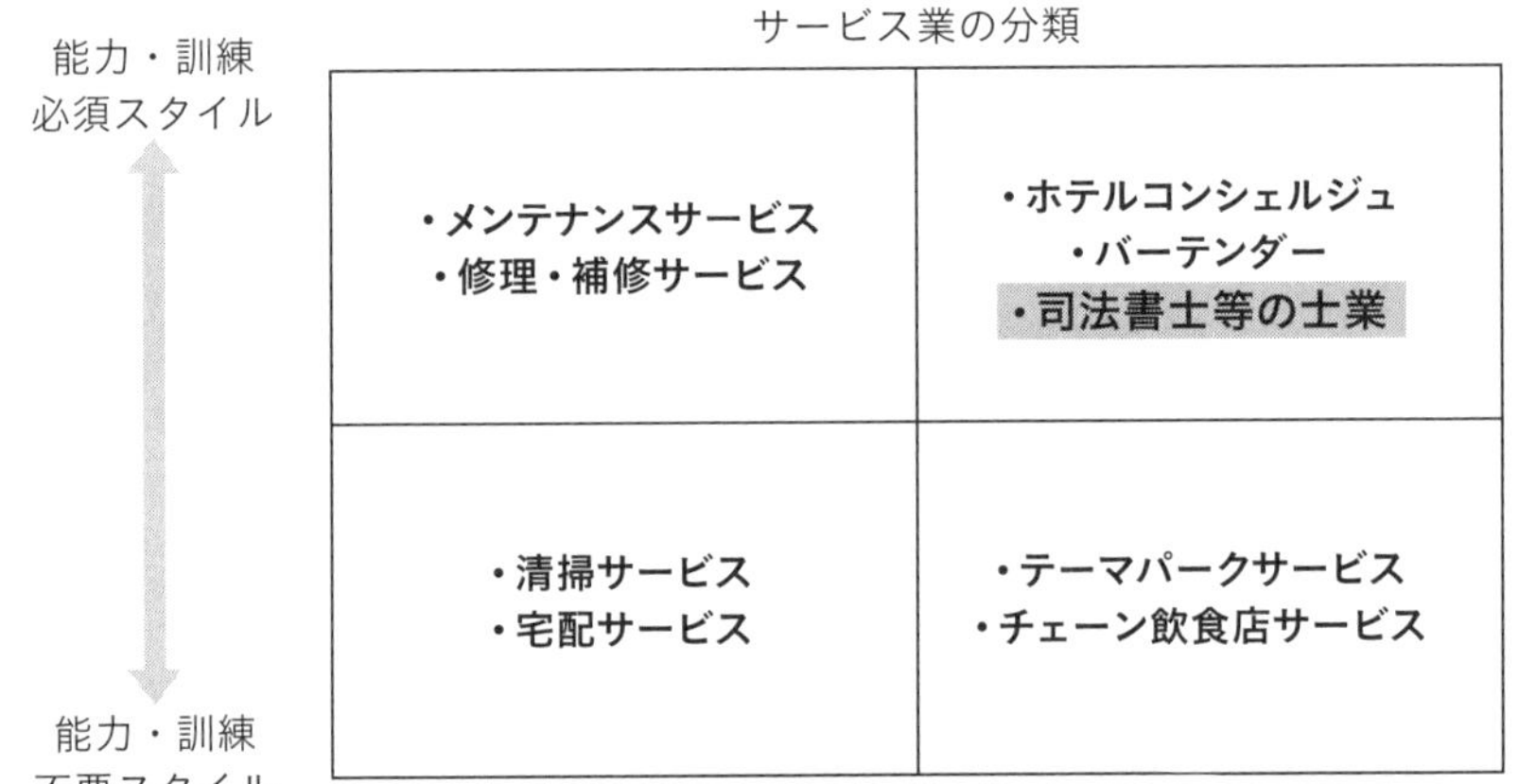

ルすることも同じくらい大事だ。どちらが欠けても今は安定した顧客を獲得するのが困難な時代になっていると考える。

他方で、サービス業で良く言われる重要な要素が6つ(※1)ある。それは、①安心、②価格、③店舗(事務所)、④接客力(親しみやすさ)、⑤提供プロセス、⑥商品(知識・ノウハウ)だ。どれも重要だが、司法書士にとって特に重要と考えるのは、①、④、⑥の3つと考える。

ちなみに、②、③、⑤を除いた理由は次の通りである。

②は、得てして価格で勝負しがちだ。価格は依頼者にとっても自分にとっても、ある意味簡単でインパクトのある方法だからだ。単に相場よりも価格を下げれば、一定数の顧客は獲得できる。だが、飲食店などの価格競争を見ていただければわかるように、売上自体が一時的に上がっても、利益が出にくく、先細りになりやすい。薄利多売とするためには、それだけ人件費もかかる。ひたすら仕事だけして、私生活をつぶすことになるかもしれないので、筆者としてはお勧めしない。司法書士の世界も価格競争の波にのまれつつあるのは否定しないが、価格が理由ではなく依頼者に選んでもらえる信頼作り・専門分野のアピールが大事だ。

③は、司法書士はフットワークの軽さもウリになるし、特に開業当初は依頼者を迎えいれるに適した綺麗な事務所を構えることが資金的に困難なこともあるので、依頼者のところに出向くことも多く、事務所の規模や豪華さなどはさして重要でもないと考える。

⑤は、登記はある意味で結果が一緒なので、方針が決まっている仕事について登記完了までに至る道に大きな違いはない。したがって、これもそこまで重要ではないと考える。

※1 一般的には、プロモーションを加えた7つだと言われているが、司法書士にはそもそも当てはまり辛いので検討の対象から外した。

一方で、①、④、⑥が重要と考える理由は次の通りである。

①は、依頼者の信頼を得るには、自分に依頼すれば大丈夫という安心感を持ってもらうことが大事だからだ。そうでなければ依頼は来ないだろう。そのためには、聞かれたことだけに答えるのではなく、依頼者も気づいていないような問題点に気づくような、気づきの力を大事にすることだ。依頼者との雑談の中から仕事が生み出せればベストだろう。

④は、司法書士の場合は、先生というポジションなので、腰が低ければいいというものでもない。だが、親しみやすさは大事だ。これについては人それぞれやり方があるかもしれないが、筆者の場合は体型が一役買っていると依頼者によく言われる(笑)。もちろん太ることを勧めているわけではないが…

⑥は、司法書士であれば誰でも備えているような知識・ノウハウでは足りない。専門性を身につけるということだ。ノウハウはある程度経験に基づくものもあるので、今の環境を大事にしよう。例えば、勉強中や合格直後に司法書士事務所に勤務するのであれば、積極的に勤務している事務所のノウハウを盗もう。それは仕事のやり方だけでなく、営業方法や事務所に備えている文献を読み漁るとかでもいい。司法書士事務所ではなく一般企業に勤務している人やバイトしている学生であれば、司法書士に活かせそうな知識はないか？　と模索してみよう。それは、試験や実務に直結しなくてもいい。例えば、パソコンや財務、備品管理、コンサル、英語、業界の法知識や人脈など何でも活用できる要素はある。自分の専門分野を磨き、それをアピールすることで、結果として専門分野とは関係のない様々な依頼も来るようになるからだ。

営業手法の選択～飲みニケーションで営業するか？　専門分野に特化するか？

飛び込み営業や飛び込み客で依頼者を獲得できるケースは、今もゼロではない。だが、インターネットなどを利用することにより司法書士の比較がしやすくなった現在、やはり集客のメインは知人、友人からの直接依頼又は紹介による依頼の案件である。筆者も年間の9割以上がこのケースによる依頼である。

では、どうすれば知人、友人から直接依頼又は紹介による依頼を受けることができるか？である。登記や法的トラブルは、税理士の税務申告ように毎年恒常的に発生するわけではない。だが、登記案件は大型の訴訟案件などに比べ、一件当たりの単価が低い。そのため、一定数の依頼が恒常的になければ、売上にはつながらない。とはいえ、よほど大手の銀行や不動産会社と提携できればともかく、一社・一人当たりからの司法書士に依頼される案件というのは多くない。年間でも数えるくらいであろう。

そうなると、集客のメインは、毎年新規顧客となる。その中でも期待したい、むしろ積極的に獲得したいのは、知人、友人、従前の依頼者からの紹介による新規顧客である。

だが、一般の人から見た司法書士の仕事内容はわかりづらい。そのため、自分の知人等に何かしらの法的トラブルや登記案件が発生したときに、司法書士である自分を思い出してくれることが多くないのだ。

これを解消することが、営業の最大の主眼であると筆者は考える。

その手法の一つは、知人等と飲み会・挨拶周りを頻繁に行い、依頼が発生していない状態でも交流・人間関係を保つことだ。これは司法書士に限らず、伝統的に行われてきた営業手法であろう。いわゆる飲みニケーションである。

これが得意・好きな人は、これを営業手法の第一に考えていい。司法書士は、サービス業であり、物を売る商売ではないので、依頼が来るかどうかは、究極的には司法書士である自分を信頼してもらえるかどうかである。したがって、司法書士ということよりも、まずは知人等に自分を知ってもらい、仲良くなり、良好な人間関係を日々築くとともに、さりげなく自分の仕事内容をアピールしておけば、何かあったときにはまず自分に相談してもらえるかもしれない。そのためには、飲み会などのリアルなコミュニケーションが得意な人にはこれが結局一番効果的だ。

しかし、お酒が得意ではないなど、飲み会を頻繁にするのは時間的、気分的、体力的、家庭的、金銭的にも厳しいという人は少なくない。特に司法書士という地味な職業(笑)を目指すくらいだから、元々学生時代にクラスのリーダーや中心メンバーだったなどの華やかで社交的な学生生活を送ってきた人は多くないのではないだろうか？　かく言う筆者も御多分にもれず、学生時代は地味な生活だった。しかも酒も弱い。また、司法書士の実務・書類送付などの事務作業・経理・家族との生活などそれらをほぼ一人で担当しなければいけない筆者としては、営業に割く時間は極力少なくしたいのが本音だ。依頼者との飲み会も楽しい部分や勉強になる部分は多いので、大事にしたいが、やはり特定の依頼者と頻繁にというわけには時間的な問題があり、困難である。

とはいえ、依頼者との接点が少なくなれば、新規案件が来る可能性はどんどん低くなるし、ましてや知人等をさらに紹介してもらえる可能性など皆無に近くなる。

では、飲み会などを頻繁にしなくても、知人等に思い出してもらいやすく、かつ案件の紹介を受けやすくするためにはどうするか？　筆者はこれを紹介体質と呼んでいる。

飲みニケーション以外で紹介体質を作るには、専門分野を作るのが一番であると筆者は、考える。それも、設立とか相続とか、誰でもやりやすい分野ではない。もちろんこれらの業務は基本であるから、できるのが当たり前である。

専門分野というからには、同業の人からも相談されるくらい特化した分野がいい。筆者の場合は、企業法務・商業登記分野である。これをウリにしているため、他士業や様々な企業から、既に付き合いのある司法書士がいる場合であっても、組織再編やストックオプションなど、専門性が高い案件については筆者を選んでもらえ、紹介してもらうケースが多い。それをきっかけに、その後子会社の設立や創業者の相続に伴う不動産登記案件など、比較的簡易な案件についても依頼してもらえるという流れが構築できているのではと思う。

専門性の高い業務で勝負している最大メリットは、司法書士報酬の価格勝負にならないところである。先のマーケティングのところでも話した通り、簡易な案件でも、極端な話、価格を下げれば一定数の依頼は集まるであろう。だが、価格勝負では、一件当たりの利益率が低くなり、その分数を多くこなさなければならないので、時間もかかる。これではジリ貧だ。自分の私生活を犠牲にするところが多くなるだろう。

そうならない営業手法を今後は考える必要があるし、専門分野を作るというのは、大事なことだと筆者は思う。来た案件は何でも受けるのはもちろんだが、依頼者からすれば、何でもやりますというのは、逆に何を依頼していいかわからないという心理を招きやすいのかもしれない。

士業向けコンサルタントに相談してみよう

そうはいっても、前職が一般企業の営業職である人は別格（逆にそういう人はそれがウリ・専門分野になる。筆者の知人の行政書士でも、前職がメーカーのトップ営業マンだったので、その経験を活かし、起業支援のサービスの一つに、起業家の売上UPにつながる営業手法のアドバイスをして、顧客の信頼を獲得している人がいる）、士業は総じて営業が苦手な人が多い印象である。筆者もそうである。

そこで、餅は餅屋なので、士業向けのコンサルタントに相談してアドバイスをもらうのも一つの方法だ。

士業向けのコンサルタントも今は数が非常に多い。インターネットで検索すればたくさん見つかるだろう。

とはいえ、玉石混交だと思われる。筆者の経験談を語るので、コンサルタント選びの参考にしていただけたら幸いだ。

飲みニケーション以外の集客方法を考えたときに、さしあたって最初に思いつくのが、ホームページの作成だ。

ホームページを作成する場合、自分で作成することも可能だが、前職がIT関係職か、パソコンを趣味にしている人でない限り、第三者が見ても見栄えがするものを自分で作成するのは困難だ。

そうなると、費用はかかるもののホームページ業者に頼むことになる。

ここで一番注意したいのは、必ずしも見栄えのするホームページであれば常に集客につながわるわけではない！　ということだ。事務所の風景や業務紹介、報酬規定などが整然と並び、写真や画像なども駆使されているので、一見すると集客に効果がありそうなホームページは多々あるし、おおよそどのホームページ業者でもそれを仕事にしているくらいだから、そのレベルのホームページは所定の費用を支払えば作成が可能であろう。業者の言われるままにSEO対策をして、例えば「中央区・司法書士」などお好みのワードで検索上位にすることも概ねの業者であれば可能だと思われる。

しかし、それだけでは足りない。自身がターゲットにしたいと考えている分野に関する情報・記事や問い合わせフォームの利便性、画像として認識できる簡潔でメリットがダイレクトに伝わるキャッチコピー・お客様の声など、これらのコンテンツが充実していないと、いくら外見がパッと見綺麗に作成できていたとしても、集客にはつながらないと思われる。仮に検索上位で一度はホームページが閲覧された、客観的なアクセス数が増加したとしても、案件につながるような相談・問い合わせが来るのは皆無ではないだろうか。

そのため、単にホームページを作成したり、SEO対策をするというホームページ業者にホームページの作成を依頼したとしても、大きな効果が即座に得られることはまずない。

筆者のホームページに関する失敗例を紹介しよう。

筆者は所属しているフォーサイト総合法律事務所のホームページがあるので、登録当初、個人の営業用のホームページを作成していなかった。

しかし、個人用の集客サイトはあった方がいいと考え、士業のポータルサイトを運営する会社(以下「運営会社」という)で自身の紹介ページ・動画などを登録初期の頃から掲載していた。

恥を忍んで語ると、登録初期の頃に、運営会社が士業向けに集客を始めたばかりで、筆者のところへ取材をしたいと運営会社の担当者が来た。そこで取材した内容を無償でポータルサイトに掲載するのでと言われ、無償ならということで快諾した。

その後、運営会社は順調に士業の顧客を増やしていったようで、筆者に対しても様々な提案をしてきた。

例えば、「80万円で筆者の紹介動画＋ホームページを作成しよう」などである。

筆者は、そこまでの費用はかけたくないと思い、基本手数料約10万円＋月額1万円を支払う契約で、「ミニ動画＋詳細な紹介ページ＋ブログをポータルサイトに掲載する権利」を運営会社から購入した。

その結果、他の登録士業に比べ、筆者の専門業務内容を詳細に記載してある紹介ページが完成し、動画も短時間とはいえ稼働し、またブログ記事を日々作成すれば、それがポータルサイトのトップページに更新情報として掲載され、閲覧者に告知されるという体制になった。

筆者がWEBに無知ということもあっただろうが、このサイトが完成したとき、正直、「いい物ができたな！　これでWEBからも集客できるな！」と思った。

しかし、その結果は………なんと、そのサイト経由で直接新規案件につながったのは、2年間で……ゼロ！

これは、改めて考えてもびっくりする数字だ。急には顧客に結びつかないと思われる飛び込み営業だってもっと効率がいいかもしれない(笑)。

月額1万円とはいえ、2年間であるから、初期費用も合わせると結構な金額だ。

後で人づてに聞いた話によると、士業向けのホームページ作成、SEO対策等のWEBコンサルタントは儲かって仕方がないらしい。

なぜなら、士業はWEBに無知な人が多いので、多少見栄えのするものを作ってあげれば大満足で、文句や意見も言ってこない人が多いらしい。SEO対策で検索上位になれば大喜びし、その後具体的な受注につながるかどうかまできちんと意識していない人が多いので、高額なコンサル契約に結びつきやすいのだと。耳が痛い…。

しかし、こんな業者ばかりではないのも事実だ。餅屋は餅屋であることには変わりがないので、本当に信頼のおけるコンサルタントに出会えれば、アドバイスを積極的にもらい、ノウハウを盗むべきである。WEBが重要な集客ツールの一つであることは間違いないのだから。

ここで、筆者が信頼しているお勧めのコンサルタントを紹介しておこう。彼がいなければ、筆者は今でも運営会社に毎月サイト費用を支払っていたかもしれない(笑)。

中小企業診断士兼士業向けに特化したWEBコンサルタントの五十嵐　和也(いがらし　かずや)さんだ。

彼(といっても筆者より年上だが)とは、元々後で話す「サムライEX」という士業集団のメンバーとして仲良くなった。

彼が、平成23年に士業向けのWEB集客塾である「志師塾」(https://44jiyuku.com)を立ち上げるというので、当時軽い気持ちで参加した。

そこで筆者は、次の3つのことを学んだ。

1つ目は、ブログのやり方やＦａｃｅｂｏｏｋの活用法、自己紹介のポイントなど、スキル面である。

ブログの活用の成果は後で述べるが、これらについて漠然と重要性は認識していたものの、学ぶ機会や積極性もなく、何もしてこなかった。しかし、志師塾で、重要なポイントをおさえることができた。

2つ目は、営業戦略の方向性（マインド）を決定付けられたことである。

志師塾に参加するまでは、「何でもやる〜その中で企業法務の依頼が多くくればいいなあ」くらいに考えており、異業種交流会などに参加するときも特に自己アピールはしてこなかった。だが、最初の頃の講義で「ターゲット絞って営業するべきで、それが最終的には幅広い顧客開拓につながる」、「物を売るサービス業と我々士業のサービス業ではポジショニングが異なる」という意識を植え付けてもらい、今までの考え方が誤っていたことに気づかされた。

そして、筆者がどういう方向に進むべきか？　どの分野を専門にしたいと筆者自身が考えているのか？　というのは、志師塾の講義を受ける中でも迷走していたが、最終的には、筆者の得意分野や獲得したい営業のフィールドが、起業家だけにあるのではなく、企業にアドバイスをする税理士などの士業や企業で働く法務部などのスタッフにこそあるということを認識することができた。これは、今でも重視しているマインドである。このおかげで、今では営業拡大する必要がなくなる位に、優良のクライアントが非常に増えたと言っても過言ではない。

3つ目は、志の高い他の士業と密な関係を築くことができたことである。

少人数のワーク型研修であるので、参加メンバーの意識が非常に高く、かつ一緒の課題をこなしていくため、仲間意識が非常に強くなった。一生の付き合いができそうな士業関係が築けた。事実、志師塾卒業後、同期や後輩から具体的な案件の紹介を受けたり、志師塾がきっかけで外部セミナーの講師の依頼も来た。今後も何かしら期待できそうである。

彼は自身が中小企業診断士という士業ということもあり、士業の悩みもよくわかってくれている。興味がある人は一度彼のセミナーなどに参加してもいいだろう。今では400人以上のコミュニティになっているようだ。

異業種交流会の活用法

WEBだけではない。やはり人と人とのつながりは重要で、リアルな付き合いもなければ、人間関係が長続きしないのは事実だ。

他士業や経営者・会社員など幅広く知り合いを作るには、異業種交流会が一番手っ取り早い。お互い人脈作りをしたいという意図はあるので、名刺交換はすんなりいく。新規の異業種交流会に10回も参加すれば、名刺が200枚程度は集まるだろうか。

だが、それが急に集客につながるか、といえば別問題だ。

お互い様だろうが、名刺交換をしただけの人間に、よほどタイミングが合えばともかく、仕事を依頼することはまずないと思っていいだろう。

それをうまく補完してくれるのが、ブログやFacebookだが、その話は、後にする。

やはり、異業種交流会で知り合った人と、その後も交流を深めねば、その後の案件依頼にはつながらない。とはいえ、単に飲み会だけを重ねてもお互いの仕事の専門性を理解してもらうのは困難だろう。

筆者が平成23年～26年頃参加していた士業の集まりに「サムライEX」という団体があった。これは各士業の参加人数を数名という少人数の若手に絞り、お互いの顧客開拓や知識の共有につなげようというコンセプトで作られた団体だ。筆者も初期メンバーの一人で司法書士として参加していた。

団体としての活動当初は、方向性もいろいろ手探りで進めていたため、上手くいったイベントもあれば、失敗もあったが、メンバー内での仕事の紹介し合いなどは具体的に発生させることができた。

それだけではなく、月1回の勉強会で、それぞれの専門分野について交代で講師をしていたので、研修講師の練習にもなるし、他のメンバーが話す内容は全く未知の分野なので非常に勉強になった。現在では。各々が忙しくなったので、定期的な活動をしていないが、また機会があれば再開したい。

他方で、筆者が登録した当初と異なり、今では様々な異業種交流会がほぼ毎日どこかで開催されているので、近年の合格者や今後合格して登録開業する人にとっては、どの異業種交流会に参加すべきか？　を悩む人も少なくないだろう。

筆者は、前述のとおり、筆者自身の業務量等を鑑み、今は新規顧客開拓を積極的にする時期ではなく、既存顧客への対応に注力すべき時期と判断しているので、近年は異業種交流会にほとんど参加をしていないが、10年前までは様々な交流会に参加していた。

その経験から述べると、100人以上集まる大多数の交流会よりも、10人〜20人程度の少人数の交流会の方が成果を得られる可能性が高かった。

1回の交流会の時間は2時間程度が一般的なので、交流会中に話をできる人数には限度があり、100人以上の大規模となると、お互いに名刺交換するだけでも一苦労である。

したがって、10人〜20人程度、そしてあまり被った業種・士業が多くない交流会を見つけることができれば、定期的な参加をお勧めする。

そして、交流会の雰囲気に慣れてきたら、過去参加した交流会で知り合った方が招待してくれた別の交流会に参加してみたり、自分で交流会を主催するのもいいだろう。意識的に1年も様々な交流会に参加をすれば、おそらく10や20は軽く超える数の交流会に定期的に参加することが可能となる。

ただ、筆者もそうだったが、誘われる交流会に全て参加をしていては体が持たない。ここからは各々の自己判断になるが、定期的に参加する交流会の数が増えてきたら、その交流会に今後も継続参加すべきなのかどうかを一度検討し、整理していくことも大事だ。時間は有限だからだ。

▼ブログ、Facebook、ホームページの活用法

筆者は、先ほど話の出た志師塾に参加してからブログ、Facebook（※2）、ホームページ（以下「ブログ等」という）を始めた。現在では、新規顧客開拓を積極的に行っていないので、ホームページ等の運営・活用をしていない。

だが、志師塾で学んだことやブログ等で実際に成果があったことなどを話すことにする。参

※2　現在は、様々なSNSツールがあるので、何をメインに活用するのかも検討が必要であろう。

考になれば幸いだ。

筆者の場合、ブログ等は、純粋な集客ツールというよりは、詳細な名刺と第一義的に考えている。

使い分けとして、Facebookは仕事のことだけでなく日々のことや育児のことなどライトな内容をつぶやき、ブログでは商業登記・会社法の詳細な解説や法改正の情報、筆者のセミナー・執筆の告知など仕事面に特化した内容をUPしていた。

また、ホームページは、それらを見て筆者に興味を持ってくれた方に見てもらうために用意していた。

費用が安いなどは絶対に記載しなかった。何度も繰り返し述べている通り、価格勝負になってしまってはマンパワーのない筆者のような事務所では、勝負できないからだ。仮に勝負できたとしても膨大な件数をこなさなければ利益が上がらず、一件当たりの質が落ちるだろう。

そうならなくても筆者を選んでもらえるように、士業・法務担当者向けにあまり他のブログでは見られないような会社法の細かい話まで踏み込んだ内容のブログを当時UPしていた。

そのため、１回の記事の分量が多く、読むのが大変という印象を

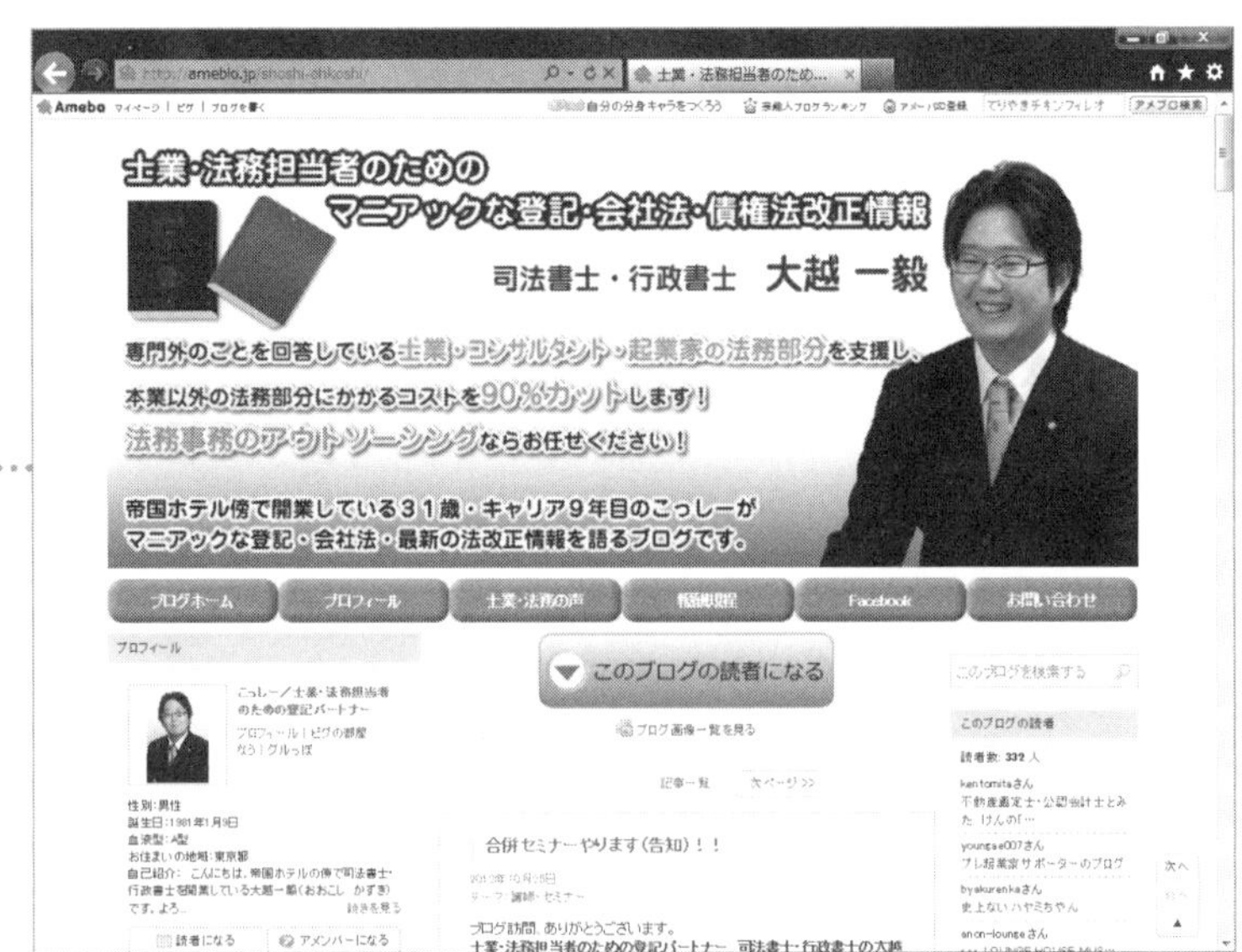

※現在は、ブログ記事の更新を停止しているが、過去記事等は、現在も閲覧可能である。

持たれる場合も多い。

だが、他の士業やコンサルタント、ベンチャー企業の社長などから、ブログを閲覧して、これだけの情報量が提供できるのだから、難解な案件にも対応できるであろうということで、案件のボリュームが大きく、また紹介された依頼者も成長著しい企業であるなど、ありがたい話が多い。また、単なる問い合わせではなく、実際に問い合わせがあった場合には受注率もブログ等を活用していた当時は、8割以上と高かった。

ブログ等を活用していた当時は、毎年、一番売上が大きかったクライアントが、ブログ経由で来た新規の依頼者であったこともその証拠の一つであろう。しかも、狙い通り商業登記・企業法務案件であった。

また、本書の執筆依頼もブログ経由である。シリーズ物で最初の士業が司法書士という地味な職業なので珍しいと思い、編集者に意図を確認したところ、筆者のブログを閲覧して、筆者なら若手ながらキャリアもあるし何か面白いことを書いてくれそうだということで依頼してくれたとのことである。嬉しい話だ。

ブログとしてはアメブロ(※3)が筆者的には一番好みだが、今はいろいろ選択肢も多くなっているようだ。アメブロは、筆者が実際に利用して成果を上げたということもあるが、初心者にも使いやすく、利用者が一番多いので、その分閲覧者も多いと思う。

近々ではないかもしれないが、再度ブログ等の活用が必要になった際には、ブログ・Ｆａｃｅｂｏｏｋなどのソーシャルメディアと異業種交流会などのリアルの営業手法を組み合わせて、相乗効果を狙っていきたいと考えている。

※3　現在は、アメブロの商業目的利用の規制が厳しくなったのでWordPressやｎｏｔｅが注目されているようだ。

書籍出版の活用法

ブログ等以外に、チャンスがあれば活かしてほしいのが、書籍出版である。

筆者は、本書と「会社法のツボとコツがゼッタイにわかる本」の2冊を出版してから、営業に悩むことがなくなった。

それだけ書籍出版のブランド力と著者であることの信頼度は高い。友人が自分の知り合いに筆者を紹介してくれる際にも、単にホームページ等を見せるだけよりも、書籍の著者であることを加えて案内することで、信頼度が増すようだ。実際に紹介でお仕事をいただくケースも、書籍の出版前と後では、かなりの差がある。

書籍出版は、誰でもできることではないし、チャンスも多くないだろうが、前述のとおり、ブログ等で情報発信をしていると、出版社の方から声をかけてくれる機会もあるかもしれない。

その際は、是非活かしてほしいと思う。

ただ、1点注意すべきなのは、出版の際の条件だ。詳細は割愛するが、大きく分けて、出版をする際に著者側がお金を支払う必要があるケース(自費出版)と、印税として収入が得られるケース(商業出版)の2パターンがある。なので、出版社から出版の話が来た場合には、条件面をよく確認することをお勧めする。前者・後者それぞれにメリット・デメリットがあるので、いずれの方だから駄目ということはないが、条件面は予め確認しておかないと後々トラブルになりかねないので、注意が必要だ。

Column CASE 3

司法書士報酬も価格競争の時代？

インターネット社会になり、司法書士などの専門家にもアクセスが容易になり、費用も比較しやすくなった。司法書士報酬は、平成15年4月に自由化されるまで、大枠で決まっていたので、司法書士毎の差と言うのはよほど特殊なケース（不動産業者の担当者にバックマージンを払うなど倫理的に許されない行為など）を除き、大きな差はなかった。

しかし、現在では報酬が自由化され、司法書士毎に異なる報酬設定が可能になった。

筆者は反対だが、価格というのは依頼者にとって検討する上で、一番比較しやすく、最もインパクトがある。誰しも同じサービスであれば安い方がいい。

司法書士はサービス業なので、商品を作って売る商売ではない。そのため、競争となると、価格競争になりやすい。

しかも、会社設立という分野で考えると、勝負する相手は同じ司法書士だけでない。

行政書士や税理士にも「会社設立をやります！」ということをウリにしてホームページで宣伝している事務所は多い。しかも、なんと設立報酬は0円とか、数千円とか、極端に安い金額でだ。

これはなぜだろうか？

多くは、行政書士であれば許認可業務やコンサルタント契約、税理士であれば顧問契約や税務申告業務を依頼することを条件に、会社設立報酬を0円にしているようである。

設立報酬を0円にしても、コンサルタント報酬や顧問料でガッツリ継続的にお金が入れば、利益は十分に上がるという手法だ。

仮に、司法書士に設立手続を依頼した場合の報酬が7万~10万円だとすれば、顧問料2か月分で元がすぐに取れてしまう計算だ。提携の司法書士に数万円程度の手続代行手数料を支払ったとしても、痛くもかゆくもない。

さらに、提携の司法書士を紹介するのではなく、行政書士や税理士の本職自身やスタッフが設立登記申請書の作成や申請代行までしている事務所もあるのだから始末に負えない。本来は、司法書士法違反に該当する可能性は非常に高いが、取り締まれていないのが現状だ。

もちろん、安かろう悪かろうということもあるし、登記の専門家である司法書士を差し置いてまで緻密な会社法の理解や困難な案件の対応を行政書士や税理士が行っているかというと、正直それはNoだろう。だが、会社というハコを作るだけならば、それほど難しくはない。

とはいえ、司法書士は設立登記手続がメインの業務なので、この報酬を0円にはできない。安くするにも限度がある。

これを厳しく規制しない司法書士会やモラルが低い行政書士・税理士が悪いと批判するのは簡単だ。だが、結局は一般の人、特にこれから起業しようとする人に対して、商業登記なら司法書士に任せなければというイメージが薄いことが問題で、これは我々が市民に対するアピール方法が下手だったことも大きな要因の一つだろう。

切差琢磨する競争はどの世界にも必要だが、価格競争が過剰になるのはよくない。飲食業などはその顕著な例だろう。トップ企業でも表面的には売上が伸びてそうだが、従業員の労務環境が悪いなどしわ寄せは多い。

そうではない付加価値を模索し、依頼者から報酬面以外のところで選んでもらうスキーム作りが何より大事だろう。

我々にも日常生活で物を買うときに経験があることだと思うが、依頼者は何も値段の安さだけで司法書士や士業を選んでいるわけではないのだから。

第4章

司法書士のお仕事
［幅広い実務の世界］

司法書士の働く場所アレコレ

法務局だけじゃない!

▼司法書士業界一のメジャースポット! 法務局って?

さて、第4章では、司法書士の仕事内容を具体的に解説していくが、まず初めに司法書士が仕事上よく出没する、関わることが多いスポットについていくつか紹介しよう。

まずは、司法書士業界一のメジャースポット! 法務局だ。法務局は、登記の管理を行っているところであり、司法書士等が行う登記申請を受付する役所である。

また、法務局に申請することによって、不動産や会社などの登記簿謄本を取得することが可能である。

細かく言えば、法務局は、法務省の地方支分部局の一つである。

法務省が行う事務のうち、登記・戸籍・供託・公証・司法書士及び土地家屋調査士・人権擁護・法律支援・国の争訟の事務を処理するための地方実施機関だ。

したがって、法務局が扱うのは登記だけではないが、司法書士が業務として関わることが多いのは、登記・供託だ。

そして、法務局は、登記が司法書士業務の三本柱の一つなので、昔も今も司法書士が最も関わることが多い役所の一つだ。

筆者も司法書士事務所に勤務していた新人時代は、毎日のように上司の指示で各地の法務局に行っていた。多い日であれば、朝から新潟県で3か所・午後から小田原・横浜と回り、夕方に東京都内の法務局に行ったという日もある。一日中かけて千葉の奥地の法務局でゴルフ場関連の公図の調査をしていたこともある。

今でこそ後で解説するオンラインによる登記申請(以下「オンライン申請」という)・オンラインによる登記簿謄本の取得(以下「オンライン謄本」という)が可能になったので、法務局に行く回数というのは極端に減った。

しかし、オンラインで行うとはいえ、登記を管轄するのが法務局であるため、一番関わりの深い役所であることには変わりがない。

我々司法書士は登記の専門家であるため、依頼者と法務局との間にたち、依頼者だけでなく法務局の負担も極力減らすことができるよう、完璧な申請書・添付書類を作成することを常に心がけるべきである。そのためには、日々の研鑽と案件を受任した際の調査を怠らないことが必須である。だが、中には複雑で前例の乏しい案件であるため、事前に管轄法務局の登記官と協議をした上で、申請方法や申請内容について了解を得ておくこともある。申請をしてから法務局との見解が齟齬し、登記が受理されないということになれば、自分の専門家としての信頼を失うことはもちろん、依頼者や法務局にも多大な迷惑をかけることになる。そのため、案件によっては法務局との事前の摺り合わせが非常に大事になることがある。

筆者が以前ある雑誌に論稿を掲載した事案だが、民事再生をしている会社が事業譲渡に伴う不動産の売買を行うことによる所有権移転登記手続の案件を受任した際、民事再生法で求められる手続が不動産登記の添付書類にどのように影響を与えるのかについて、筆者の懸念点に関する登記先例等がなかったものの、管轄法務局の登記官と事前協議をした上で了解を得ていたので、関係当事者の希望するスケジュール通りに登記手続を完了させることができた。

とはいえ、何でもかんでも法務局に相談すべきではないと筆者は考える。

司法書士の中には、債務整理や成年後見業務しかやったことがなく、登記についてはさっぱりわからないので、ろくに調査もせずとりあえず登記申請をし、補正にかかってから法務局の指示に従って訂正をするという人もいるようである。自分で調査もせずに素人同然の質問を法務局にする人もいるようである。

それでも登記が完了すれば、結果は変わらないかもしれないが、プロの仕事とは言えないだろう。合併の登記など、内容によっては補正が許されない登記もあるので、このスタンスではいつか取り返しのつかないミスをするかもしれない。近年の若手で即独立する人には登記の経験がほとんどないという人もいるようだが、仮に経験がなくとも、たまに受託した登記案件をおろそかにせず、調査は怠らないようにしてほしい。

さて、話は変わるが、法務局は全国津々浦々様々な場所にある。具体的な場所は、法務省のホームページ(https://houmukyoku.moj.go.jp/homu/static/index.html)に掲載されているので、確認されたい。

詳細は、後で解説するが、登記申請は管轄法務局にて行う必要があり、これは不動産や会社の所在地で決まっているので、近くの法務局など好きなところに申請をするわけにはいかない。ホームページを見ていただければわかるが、法務局は駅から遠い場所にあるものも多い。

交通網が発達している東京都内の法務局にもかかわらず、最寄駅から徒歩30分なんて法務局もある。

これは余談だが、登記簿が簿冊という紙で管理されていた時代に、地震や火災などで簿冊が燃えてしまうことを極力避けるために、あえて住宅街や繁華街などの近くを避け、不便な場所に法務局を設置したためだと言われている。全国津々浦々にあるのも、仮にどこかの法務局が災害などに遭い、簿冊が燃えることとなったとしてもその影響を少なくするためであったろう。

ただ、法務局の数自体は近年減少傾向にある。これはオンライン申請・オンライン謄本が可能になったことや登記情報をデータ管理するようになったため、全国各地に法務局を置く必要性が低くなったからだ。今後、各都道府県に法務局が一つずつなんて時代がくるかもしれない。もちろん、その分司法書士の数も減らした方がいいということとは別の問題なので安心されたい。法務局の数が減ったからといって、一庁で管理する情報量が増えるというだけで、登記申請件数自体が減るというわけではない。とはいえ、法務局の近くで開業していた人にとっては、目の前の法務局が閉鎖することは大問題だろうが。

平成24年6月に東京都内で目黒の法務局が渋谷に統合され、目黒の法務局が閉鎖された。その時は近くの司法書士が住民を巻き込んで反対運動を行ったようである。

司法書士と密接に関わる法務局だが、それを象徴する例として、各法務局の登記相談コーナーがある。これは一般市民向けに法務局の職員が登記手続の一般的な質問に回答するものだが(東京の場合、司法書士が事前協議のために登記官と相談する際は、書面で行うのが原則となっている)、これの一部を法務局から委託を受けて司法書士が相談の対応をしている法務局も多い。

他方で、法務局では登記申請の受付・処理だけでなく、登記簿謄本の取得も可能である。各登記簿謄本の詳細な解説は後でするが、簡単に言えば、登記申請をした記録を一般市民に情報公開しているものである。

登記簿謄本は昔の呼び名で、今は「登記事項証明書」というのが正式名称である。だが、企業の担当者でも昔ながらの呼び名が癖になり、「謄本取ってください」と「謄本」という用語が当たり前に使われているので、両方覚えておいて損はない。本書では、以後登記事項証明書で統一させていただく。

登記事項証明書は、今は全国どの不動産・会社のものであっても近くの法務局で取得可能である。登記事項証明書は公開されている情報なので、誰でも取得することができる。

したがって、九州の会社であっても東京都内の法務局で誰でも登記事項証明書を取得することが可能である。自分と関係がない大企業の登記事項証明書であっても取得しようとすれば費用を払えば取得できる。司法書士試験の受験生は興味があったら息抜きがてら近くの法務局に行って登記事項証明書の申請をしてみてもいいかもしれない。

費用は、今は1通600円で、窓口や郵送申請も可能である。窓口申請の場合には法務局の開庁時間が平日の8時30分〜17時15分なので、その間に申請する必要がある。

これ以外に法務省の登記・供託オンライン申請システム(https://www.touki-kyoutaku-online.moj.go.jp/)にてオンライン謄本をすることが可能であり、オンライン謄本をした場合には、法務局から郵送で法務局の認証文付の登記事項証明書が送付されてくる(窓口受取も可能である)。オンライン謄本の場合には1通500円なので、お得である。

他方で、法務局の認証文(※1)はないが、登記事項証明書と同じ情報をPDFデータで取得できる方法がある。それは、民事法務協会の登記情報提供サービス(https://www1.touki.or.jp/gateway.html)だ。

これならば、パソコンさえあれば、その場で平日は8時30分~23時の間、土日祝日は8時30分~18時の間で登記情報が取得できるので、非常に便利だ。筆者もよく利用している。

裁判所にもいるぞ！　司法書士

簡裁訴訟代理権を取得してから、司法書士が裁判所を利用するケースが増えたように思う。もちろん簡裁訴訟代理権を取得する前から、司法書士の業務として裁判書類の作成業務が認められているので、裁判所に関わる仕事をしてこなかったわけではないが、司法書士の中では登記に比べ少数派だろう。

しかし、登記をやらずに裁判業務がメインという司法書士も中にはいるようだ。但し、この実態の多くは、貸金業者に対する過払金返還請求事件のためだと言われている。とはいえ、過払金返還請求事件は、貸金業法の改正により現在は減少傾向(政治の動向如何によっては再改正の可能性もあるようだが)にある。これと連動して司法書士の簡易裁判所での代理件数が減少してしまっては本末転倒だ。労働案件や賃貸借関係案件など一般民事案件で代理件数を伸ばせるかどうかが、今後の司法書士業界の課題といえよう。

裁判所は、全国に最高裁判所が1庁・高等裁判所が8庁・地方裁判所が50庁・簡易裁判所が

※1　法務局の認証文がないものだと、記載されている情報は同一でも、裁判所や役所によっては、登記事項証明書としての要件を満たさないとして、認証文付の登記事項証明書の提出を求める場合が多い。

438庁ある。これ以外に離婚や相続関係の事件を扱う家庭裁判所や特許関係の事件を扱う知的財産高等裁判所などがある。

▼公証役場も忘れずに

公証役場は、公証人が執務をしているところだ。

公証人は、主に裁判官、検察官、弁護士の中から30年以上実務経験のある者から法務大臣が任命する。制度上は、司法書士がなれる可能性もあるが、現状ではほぼ不可能に近いだろう。

公証人は、契約書や遺言を公正証書にしたり、定款の認証を行う。

司法書士は、遺言や後見関係の契約書、会社・法人の定款認証でお世話になることが多い。

公証役場は全国に多数あるが(https://www.koshonin.gr.jp/list/)、お気に入りの公証人を見つけることが開業の第一歩ともいえる。

例えば、定款の認証であれば、東京都内(※2)の会社の設立の場合には、自分が懇意にしている東京都内の公証人に依頼することが可能である。

初対面の公証人よりはいつも依頼している公証人の方がいろいろとスムーズであろう。またこちらが作成した定款案や契約書案を詳細にチェックし、意見を述べてくれるかどうかも公証人によってかなり温度差があるので、自分がやりやすい公証人を見つけることが大事だろう。筆者は運よく、開業後一番最初に依頼した公証人との相性が非常に良かったので、定款の認証や公正証書の作成の際には常にお願いしていた。過去形にしたのは、今では、その公証人が退官してしまったからだ。

※2 定款認証の場合、会社の本店所在地を管轄する都道府県の公証役場で行う必要がある。

公証人は、高齢の人が多いので、こちらが実務を長くしていると、公証人の方が先に引退することが多い。残念だが仕方がない。

区役所・市役所にもね

区役所や市役所は、住民票や戸籍を管理している。もちろん区役所・市役所の機能はこれだけではないが、司法書士の場合は、相続の案件などで職務上請求書を使用して住民票・戸籍の取得が可能であり、利用するケースが多い。

戸籍であれば、古い記載の場合には、戸籍に記載している役所が今は統合等で存在しない場合もあり、その際は、想定される市役所等に確認の電話をしてから郵送申請するのがコツだ。

これ以外にも、東京都以外(※3)の場合には、区役所・市役所で固定資産評価証明書や住宅用家屋証明書など、不動産登記の登録免許税を算定するために欠かせない書類を取得することが可能である。

お得意様度No1! 銀行・不動産会社

銀行・不動産会社は、不動産登記を大量に依頼してくれる非常に重要な依頼者である。大口の銀行や不動産会社から定期的に仕事の依頼が来るようになれば、事務所の売上が安定するだろう。但し、昨今では、どこの銀行・不動産会社も付き合いのある司法書士がいるので、自分をあえて選んでもらうのが大変だ。

あるベテラン司法書士に取材した話では、銀行への営業が困難と聞いた。これは銀行の支店

※3　東京都の場合は都税事務所で取得する。

数が昔に比べ圧倒的に減ったのが理由らしい。支店の数が減ったということはその分営業先が減ったということで、介入できる司法書士の数が減少したということになるらしい。もちろんその分一つの大きな支店や本店レベルで扱う業務量が増えたということだが、そういうところは、人数も多い大手司法書士事務所に依頼することが多く、開業したばかりの零細事務所に依頼するケースはほとんどないだろう。都心であるほどこの傾向は顕著であるといえる。

しかし、知人の司法書士に取材したところ、地方の都市部では感覚が違うようだ。地方の都市部では、不動産登記が不得意な司法書士では生き残るのが厳しいとのことだ。しかも、不動産会社・銀行側にも柔軟性があるようで、若手でも他の司法書士とのレベルの差を銀行員や不動産業者にアピールできれば、自ずと不動産登記の案件がたくさん入ってくるらしい。最高のパフォーマンスを継続することは決して容易いことではないが、その知人の司法書士は、やっぱり不動産登記こそ司法書士の生きがいで様々な人を見られるので面白いと言っている。これも一つの専門分野といえる形だろう。筆者とは専門分野は異なるが、この執務姿勢は是非とも見習いたい。

▼中小企業、ベンチャー企業も有力なクライアント

中小企業やベンチャー企業も重要な依頼者である。設立だけでなく役員変更など商業登記案件の需要がある。

特にベンチャー企業では、短期間に事業を拡大するケースが多く、それに付随して役員変更や増資・新株予約権など短期間に商業登記の依頼が集中する。

また、商業登記だけでなく、社長や担当者から信頼されれば、売掛金回収などの裁判案件や、社長個人の相続による不動産登記案件なども依頼が来るようになるだろう。

他方で、提案法務として考えられるのは、法務事務のアウトソーシングである。人を雇うのは非常にコストがかかる。それ以上に使える人材にするために教育するのが大変だ。特に法務という分野は専門性が高いため、経験者を雇うとなれば給料はそれなりに支払わなければ良質な人材を獲得できないだろうし、素人だと中小企業やベンチャー企業の場合にはそもそも法務に関して指導する人間がいないので、満足に教育もできない。

そのようなときに、司法書士が登記だけでなく、法務事務全般をフォローしたり、社員教育のための研修指導などができたら、喜ぶ企業は多いし、今後需要は増加していくのではないだろうか。具体例は、No17（172ページ）で解説する。

▼上場企業からも依頼がくれば嬉しいな

上場企業も中小企業やベンチャー企業同様、商業登記案件の需要がある。

上場企業の場合には、その企業自体に多数の需要はないし、簡単な商業登記であれば自社で処理する企業が多い。

上場企業で需要が一番多いのはグループ会社の対応である。グループ会社でも上場企業同様に商業登記が必要になるが、それをグループ会社で個別に対応を任せている企業も多い。但し、それでは議事録の記載内容などに統一感が出ないこともあり、思わぬミスを招くことになる。親会社で一括管理することができれば、そのようなミスが減る。しかし、そこまでのマンパワーが親会社にないときに、信頼できる司法書士に一括して任せられれば企業側も助かるだろう。

また、上場企業の場合には、単純な法務事務は総務や法務が、M&A(※4)など戦略的な法務は経営企画室がと、案件ごとに担当する部署が異なり、必要書類に印鑑をもらうのにやたら時間がかかるなど部署毎にルールが違うことがある。必要書類の捺印一つとっても、いつでも判子を押せるような中小企業と異なり、上司の決裁が必要な場合もあるから、慣れない担当者だなと感じた場合には、そのような段取りに問題がないか、司法書士側から積極的にフォローや確認をしてあげる必要があるだろう。

▼個人からの相談は訪問や土日対応も

企業だけでなく、個人からの相談も司法書士には多い。

個人からの相談で司法書士が対応できる主な業務としては、相続や住宅購入に伴う不動産登記・個人間の金銭トラブル等の法律相談・成年後見・債務整理が考えられる。

しかし実際には、個人の場合、自身が抱えている問題につき、そもそも誰に相談していいかどうかわからない人も多く、司法書士が一次窓口として、様々な問題に関する相談対応をして欲しいという需要もある。その場合、依頼者の話をまず聞き、司法書士で対応できる案件であれば司法書士である自分が対応し、税務問題等、司法書士では対応できない案件であれば、税理士等当該問題を解決できる他士業の専門家を紹介することになるだろう。

また、個人の場合、高齢等の理由により、司法書士の事務所まで来所することが難しい方も

※4　英語のmergers and acquisitionsの略。エムアンドエーやエムエーと読む。企業の合併や買収の総称のこと。

いる。そのような場合には、司法書士が依頼者の自宅に訪問することも少なくない。

さらには、平日は依頼者が仕事をしている等の理由により相談するための時間を割けないという方もいる。そのような場合には、平日夜間や土日等、依頼者が対応可能な時間にする等の柔軟な対応が求められるだろう。

なお、近年は、Ｚｏｏｍ等の普及により個人の依頼者でもオンライン対応が可能な場合が増えたので、依頼者の要望に応じて活用できるよう、司法書士側においても独立して開業する際には、予めスムーズなオンライン面談が可能となるパソコン等の準備が必要になると考える。

不動産登記いろいろ

決済・相続が中心。でもそれだけじゃない！

▼不動産登記って？　～オンライン申請で変わった業務スタイル

不動産登記は、建物や土地などの不動産について、所有者は誰であるか等の情報を公示する制度である。

不動産登記事項証明書には、表題部、甲区、乙区と分類されて、各登記事項が記載されている。

このうち、表題部を表示に関する登記、甲区と乙区を権利に関する登記と呼び、甲区と乙区に関する登記申請を行うのが司法書士の業務である。

表題部は、建物や土地の所在・面積・種類・構造・地目など外観を表示する。これは土地家屋調査士という表示の登記の専門家の業務であり、我々司法書士は業務として行うことができない。

甲区は、所有権に関する登記が記載される。現在の所有者の氏名だけでなく、取得した原因や日付、登記の受付日なども記載される。さらには、建物であれば建築された日から現在まで所有者が相続や売買等によって変更してきた場合には、当該変更の経緯がわかるように、それぞれ登記がなされている。

乙区は、甲区に記載すべき事項以外の登記が記載される。主なものは抵当権や根抵当権などの担保権である。一般的な住宅であれば、建築時に所有権保存登記を行うとともに、購入代金を不動産会社に支払うために金融機関から住宅ローンの借入を行うだろうから、当該借入代金を担保するために乙区に抵当権がなされる。当該住宅が転売されていけば、その分乙区に記載されている抵当権も一旦抹消され、新所有者の借入金に関する抵当権が再設定されることが多いだろう。

このように、不動産登記簿は、不動産の歴史が記録されている。その歴史が適切に何十年以上も記録されるための一助となるのが我々司法書士の仕事だ。責任の重さを実感していただけるだろうか。その分やりがいがある。

他方で、不動産登記簿は、法務局の職権で作られるのではなく、権利者等が申請をして、その申請内容を基に、法務局が登記簿に記録していく。登記申請をする場合、申請内容や添付書類が不動産登記法や登記先例などで細かく決められており、素人が不備なく登記申請をするのは困難だろう。そのため、申請人から依頼を受けて登記申請をするのが我々司法書士である。

登記申請は、従来は管轄法務局の窓口に申請書類一式を平日8時30分～17時15分までの法務局の開庁時間(昔は、15時を過ぎると登記申請ができなかった時代もあるようだ)に持参する必要があった。

しかし、平成17年3月の不動産登記法改正(以下「不登法改正」という)により、郵送申請とオンライン申請が認められるようになった。

このオンライン申請も、スタート当初は、添付書類を全て電子データで送信する必要があるなど、利用しづらい制度だったので、一般の人はもちろん、我々司法書士もほとんど利用しなかった。

しかし、一度税金をかけてスタートしたものをおいそれと簡単には廃止できん！　とお上の意向もあったのだろうか(笑)、平成20年1月に再度不登法の改正がなされ、登記申請はオンラインにて受付し、紙で作成した添付書類は後日郵送で構わないという、いわゆる特例方式による申請が認められるようになった。これによって、急速にオンライン申請が普及していき、現在では申請件数が増加している。筆者も恒常的に利用している。実際には電子証明書が必要になるなど、一般の人には必ずしも利用しやすい制度ではないが、司法書士であれば、今は登記といえば、オンラインでしょ！　くらいに当たり前の制度になってきている。昔はシステム障害などがたくさんあり、パソコンの前でやきもきしたものだが、最近はそんなトラブルもほとんどないのがありがたい(笑)。

登記事項証明書のサンプル

○○県□□市X丁目X-X-X　　　全部事項証明書　　　（建物）

表　題　部　（主である建物の表示）	調製	平成○年○月○日	不動産番号	XXXXXXXXXXXXX
所在図番号	余白			
所　　在	○○県□□市X丁目　X番地X		余白	
家屋番号	X番XのX		余白	
① 種　類	② 構　造	③ 床　面　積　㎡	原因及びその日付［登記の日付］	
居宅	木造スレート葺平家建	42　21	平成○年○月○日新築	
余白	余白	余白	昭和○○年法務省法令第37号附則第2条第2項の規定により移記 平成○年○月○日	

権　利　部　（甲　区）　（所　有　権　に　関　す　る　事　項）			
順位番号	登　記　の　目　的	受付年月日・受付番号	権　利　者　そ　の　他　の　事　項
1	所有権保存	平成○年○月○日 第XXXX号	所有者　○○市○○X丁目X番地X A 順位1番の登記を移記
	余白	余白	昭和○○年法務省令第37条附則第2条第2項の規定により移記 平成○○年○月○日
2	所有権移転	平成○年○月○日 第YYYY号	原因　平成○○年○月○日相続 所有者　○○県○○市X丁目X番地X号 B

これは登記記録に記載されている事項の全部を証明した書面である。ただし、登記記録の乙区に記載されている事項はない。

令和○年○月○日
○○地方法務局
登記官　　　○○○○（印）

▼不動産の登記事項証明書って？

不動産登記簿に記録されている事項は、登記事項証明書にて誰でも取得することが可能だ。当該建物の所有者だけでなく、誰でも取得することができる。興味があったら自宅の登記事項証明書を取得してみてはいかがだろうか。

筆者も受験時代に、親が自宅の住宅ローンを完済したので、ためしに抵当権抹消登記をやらせてもらい、完了後に登記事項証明書を取得した。

あのときはパソコンもろくに使えなかったので、本屋で書式セットを購入し、手書きで申請した。今でこそ1時間もあれば完了する簡単な作業だが、当時はいろいろ受験勉強で学んだ知識をフル活用し、四苦八苦しながら申請した記憶がある。でも、完了後の登記事項証明書を見たときは非常に感慨深いものがあり、モチベーションが高まり、その勢いで翌年の司法書士試験に合格することができた一助となったと思える。読者の方も機会があれば是非実践してほしい。合格前に他人から登記申請の依頼を受けると司法書士法違反となってしまうので、家族以外からはお勧めしないが、法務局まで行き、登記事項証明書を取得してみるだけでも気持ちは違うはずだ。

不動産登記事項証明書は、表題部、甲区、乙区が全て記載してある全部事項証明書が基本である。

これ以外にもコンピュータ化前の情報が記載してある閉鎖事項証明書や周辺土地の位置関係などを示した17条地図(公図)などがある。依頼者の用途に応じて必要な登記事項証明書などを取得し、権利関係を調査・精査するのも我々司法書士の大事な仕事の一つである。

不動産の決済の現場～売買による所有権の移転、抵当権の設定など

不動産の決済は、昔からの司法書士の典型業務の一つである。

決済は、住宅の購入であれば、中立の立場として、売主から必要書類を預かり、買主に対して売主の書類がＯＫであれば代金の支払の指示を出す。実際には、住宅ローンなどが利用されることが多く、銀行などの金融機関が決済の現場となることが多い。現場には売主・買主双方の不動産仲介会社が参加することも多く、現場には大の大人5～6人が一堂に会することになる。紛争性のある物件であれば売主や買主に弁護士が代理人として同席しているなど多いときには10人を超すこともある。

どんな大物、どんなにたくさんの人数がいたとしても、この決済の現場、主導権を握るべきなのは決済の立会をする司法書士である。

たまに決済に慣れている不動産会社の社長とかだと自分が主導権を握りたがる人がいるが、そこをうまく制して自分が主導権を握るべきだ。その辺の上手いあしらい方ができるかどうかがベテランか新人の境目であるともいえる。

司法書士は、決済において重い責任を負っている。本来はあってはいけないことだが、買主を騙して売買代金を詐取しようという輩もいる。不動産の所有者ではないのに、本人であるかのように装い、代金をだまし取ろうというのだ。地面師(※1)のような人間だ。

そこまでいかなくとも、子が寝たきりの親に内緒で不動産を売却しようとし、子(といっても結構な年齢だが)が親(老人)に代わって全ての手続をしようとしたが、実は名義人である親は反対していたなどの例もある。知人への売却だったので、不動産仲介会社も関与せず、売買代金も住宅ローンを組まないで支払うという事例だったが、仮に筆者が代理人を装っていた子の言うことを鵜呑みにし、所有権移転登記を申請してしまっていたら(子は親の印鑑のありかを知っていたので、実印と印鑑証明書の持ち出しが可能であった)、後々トラブルに巻き込まれていただろう。

結果、必要書類の調印前に本人確認のために親との面談を求めたところ、実は親の了解を得ていないことが発覚し、登記申請をせずに依頼がなくなったとの経験がある。子の方は後で説得するし、費用も倍額払うからと筆者に登記申請を求めたが、本人の了解なしに登記申請はできないと強く断ったところ、子からは無能呼ばわりされた(笑)。登記申請をしていたとした

※1　土地所有者が知らないうちに、偽造した印鑑証明書や委任状などを利用して、その土地の権利に関する詐欺を行う詐欺集団のこと。

ら、本人確認義務違反で懲戒になった可能性もあるわけだから、その件の報酬がもらえないくらいは安いものである。筆者が懲戒になるだけでなく、所有者である親や知人の買主にも迷惑をかけることになった可能性もあるので、今でも登記申請を断ってよかったと思う次第である。

司法書士の本人確認義務は、ゲートキーパー法(※2)が平成20年3月に施行された影響もあり、一時代に比べ形式的にも実質的にも重くなっている。懲戒事例も、この本人確認義務違反を理由にしたものが多く、新人時代は逆にきちんと行っているのだが、取引に慣れてきた頃が一番危ないと言われている。取引のある不動産会社から、本人が高齢で意思疎通がうまくいかないのだが取引を急いでいるなどの理由で決済を通してほしいなどの相談が間々あるが、毅然とした態度で断り、代替手段など他に方法がないかを速やかに検討することが大事だ。付き合いのある会社だから大丈夫だろう……という判断が大きな事故を招くのである。

本人確認の大事な作業の一つに印鑑証明書と実印の照合がある。これは、持参された印鑑証明書の印影と委任状等の必要書類に押印された印鑑の印影が同一であるかをチェックする作業である。

当たり前の話じゃないかと思われる読者も多いかもしれないが、これが結構緊張する作業だ。

先ほども話したように、買主(又は融資をする金融機関)は、司法書士のGOサインを基に代金支払いを行う(現金で支払う事例は稀で、金融機関で決済をする場合には口座から口座への資金移動、それ以外の場所で決済をする場合には小切手などが活用される)。

※2　「犯罪による収益の移転防止に関する法律」のこと。マネーロンダリングやテロ資金供与を防止するための法律。

登記が完了する前に売買代金を支払うのだから、後々登記が完了しなかったとなれば大問題だ。

幸いにも筆者には印鑑証明書と異なる印鑑を押印・持参された経験はまだないが、知人の司法書士に取材したところ、決済当日に実印と違う印鑑を売主が持参したなどという話が多数あった。仮にこれに気が付かず登記申請をしたとしたら、補正になるので、翌日くらい（※3）に法務局から補正に関する電話が来て青ざめるということになる。青ざめるくらいで済めばいいが、売主に連絡が取れなくなり、実は詐欺事件であったなどといったら取り返しがつかない。多くは売主の勘違いで事なきを得るケースの方が多いであろうが、不動産会社や金融機関の信頼を失い、二度と新規案件の依頼が来なくなるということもあるだろう。決済という基本業務であれば新規参入したい司法書士は一杯いるのだから、替わりの司法書士はたくさん見つかるだろうし。

売主は素人であることも多いので、実印を頻繁に使うケースは多くなく、勘違いしているケースも多い。なので、事前に必要書類を案内する際には、説明の仕方は丁寧で丁寧すぎることはない。書面だけでなく、事前に電話しておくなどの措置をするだけでも安心感が全然違う。もちろん取引までのスケジュールや状況によって事前確認ができないケースもあったりするなど様々だが、本人確認を厳格に行うために、その手法はケースに応じて柔軟にいろいろ行う必要がある。当事者が遠方ならばＺｏｏｍの利用など、今はいろいろ活用できるアイテムもあるのだから。

書類の偽造でもう一つ大きなものに登記済権利証・登記識別情報の問題がある。

※3　法務局の審査等があるため、登記申請をしてから完了まで1週間～10日程度かかることが一般的である。この期間は法務局や時期によって異なる。

登記義務者である売主の必要書類の一つに、登記済権利証又は登記識別情報(以下「登記済権利証等」という)がある。

不登法改正により、登記済権利証が廃止され、一律12桁の英数字で構成された登記識別情報が、法務局から登記名義人に交付されるようになった。

しかし、それ以前(※4)に不動産を取得している人の場合には、登記識別情報が発行されていないので、その人が売主となる場合には、従来通り、登記済権利証を法務局に提出する必要がある。

これも昔から偽造が問題になるケースが多々ある書面である。カラー印刷技術が発達し、精巧に偽造されたものを見抜くのは困難だろうが、疑わしいと感じた場合には、本人と名乗る者に積極的に事情聴取をし、その疑念が晴れない限りは、取引を中止する勇気が必要であろう。仮に看過すれば、後々司法書士自身が懲戒責任や損害賠償責任(※5)を負う可能性があるのはもちろん、一方当事者に多大な不利益を与えるかもしれないからだ。登記識別情報であれば、12桁の英数字のパスワードであるため、書類を偽造することに意味はないと言われているが、平成24年の初めに、法務局から交付される登記識別情報を記載した書面が偽造されたという話が司法書士会経由で情報として回ってきた。トラブルにまでは発展しなかったようだが、偽造などの詐欺事件に巻き込まれるリスクは常にある。我々司法書士は、日々の仕事に慢心せず、常に危険と隣り合わせであるということを自覚して、高い倫理観を持って実務を行うべきであろう。これは不動産登記業務に限った話ではない。

筆者自身の体験談ではないが、売主が詐欺を働く意思があり、買主が当該不動産を購入し

※4　法務局のデータ化は、法務局ごとに時期が異なるため、登記識別情報への移行時期も厳密には法務局ごとに異なる。

※5　業務事故の内容によっては、賠償額が何千万円単位となることもあるので、それに備えた司法書士業務事故に関する賠償責任保険の制度がある。

たのだが、処分禁止の仮処分(※6)の登記が実は先行して登記されていたため、買主は瑕疵(※7)のない所有権を取得することができなかった。当該取引の決済に立ち会っていた司法書士は、決済前に当該不動産の登記事項証明書を取得しようとしたところ、登記中(※8)であったにもかかわらず、それを売主のみに報告し、買主には報告を怠って、決済をOKと判断して登記申請をしてしまった。

後日、買主は、売主に対して売買代金返還請求をしたが、売主が逃げてしまったので、支払った代金の回収ができないため、決済にOKを出した司法書士に損害賠償請求をした。

代金額が高額であったため、億を超える金額で、訴訟にまで発展した。結果、さすがに売買代金全額の責任は認められなかったが、その司法書士は一定額の支払をすることになったようである。一般的な相場から言えば、当該決済において受領したであろう司法書士報酬額をはるかに超える額の賠償金を支払ったことだろう。

司法書士報酬は自由化されているし、不動産の価格によって変動することが多いであろうから一概には言えないが、所有権移転登記＋抵当権設定登記＋決済立会いの報酬で、1件10万～20万円くらいであろうか。不動産業者の仲介手数料は一般的には売買価格の3％＋6万円なので、これに比べるとやはり1件単価は高くない。だが、何もトラブルがない取引であれば、受託してから登記完了まで1か月もかからないし、同時に何件も受託することが可能であり、同じような業務であるため、ルーティン業務にしやすく、利益を上げやすい分野ではある。

しかし、そのルーティンに慣れ、倫理観や危機感が薄まった頃に罠が潜んでいるかもしれないので、注意いただきたい。

※6　仮処分とは、債権者からの申立により民事保全法に基づいて裁判所が決定する暫定的な措置のこと。自分の所有する不動産の登記が他人名義になっているため、抹消登記を求める訴訟を提起する場合に、相手方(債務者)が訴訟係属中に第三者に登記を移転してしまわないようにするなど、登記請求権を保全するために不動産の処分を禁止するための仮処分(民事保全法53条)。

※7　欠点・欠陥のあること。

※8　登記申請をしてから登記完了までの間。登記中の場合には、当該不動産の登記事項証明書を取得することができない。

筆者の場合には、後で話す商業登記、企業法務を専門分野にしているため、年間の決済の依頼は多くないというか、わずかである。なので、幸か不幸か、決済の依頼があると業務に不慣れなせいもあり、おそらく通常の司法書士以上に取引に対して慎重であるため、危機感が薄まる心配がない(笑)。

ちなみに、決済が無事終了すると、司法書士は即日法務局に登記申請をし、関係当事者に報告をする。不動産登記の場合には、法律上登記申請期限はないが、即日登記申請をしなければ、その間に別の者が登記申請をしてしまうリスクが高まるため、即日登記申請をするのである。オンライン申請が認められるようになって、ノートパソコンがあれば決済場所の近くのカフェで決済終了後登記申請をすることも可能になり、決済終了後から登記申請までのタイムラグをより短縮することが可能になった。これは我々司法書士にとってもそうだが、取引当事者にとっても登記リスクが減るので、好ましいことである。一部の金融機関では、受領証(※9)などの関係から、オンライン申請をせずに窓口申請を希望するところもあるが、このようなリスク軽減を説明し、可能な限りオンライン申請で行うよう、司法書士としては金融機関の理解を得るために働きかけるべきであろう。

▼相続って争続? 相続登記の義務化の影響は?

不動産登記のもう一つの基本業務に、相続に関する登記がある。

被相続人が不動産を所有していた場合に、当該不動産の名義を相続人名義にするための登記(以下「相続登記」という)だ。

※9 法務局の窓口で登記申請をする際に申請書の写しに法務局の受付受領印を押印してもらった書面のこと。

決済案件に比べ、金銭の授受や書類の偽造トラブルなどがなく、また既に転売時期が決まっているなどスケジュールがタイトであるケースは珍しいので、司法書士としては穏やかに業務ができる依頼の一つではないだろうか。もちろん、被相続人の出生から死亡までの戸籍の収集方法や遺産分割協議書（※10）の作成など、行うべき業務は多いが、慣れれば複雑な作業ではない。

しかし、相続業務も、内容によっては、複雑で、また相続ではない争続トラブルに巻き込まれるケースもあるので、安易に考えてはいけない。そんな筆者の経験談をここで紹介しよう。

まず一つ目は、遺言書がないと大変なケースである。

遺言書（※11）がある場合、遺留分侵害額請求（※12）の問題はあるものの、遺言書で指定された人に対して当該不動産の権利が承継されるので、それ通りに登記申請すればよく、大きな問題になるケースは少ない。遺言書がない場合には、相続人全員で遺産分割協議を行い、不動産や預貯金等の財産の分配方法を決める必要があるので、これが揉める原因となる。

遺産相続トラブルなんて、テレビドラマの世界や財産がたくさんあるお金持ちの一家の問題だけじゃないか？　と思われる読者も多いかもしれないし、筆者も事実司法書士になるまではそう思っていたが、現実はそうではない。むしろ分配する財産が多い人はきちんとリスクマネジメントのために遺言書を作成している場合が多いし、そうでなくても分配する財産が多く、各相続人に何らかの財産がいきわたるので、揉めないケースが多い。

むしろ、相続人間で不公平感が出やすい、財産があまりない一般サラリーマンや中小企業の経営者などに相続が発生したケースにこそ、争続に発展しやすいのである。

※**10**　相続人間で、被相続人の財産等の分配方法について合意した文書のこと（民法907条）。

※**11**　被相続人が自己の財産等をどのように分配するのかを生前に指定した文書のこと。民法では自筆証書遺言（民法968条）、公正証書遺言（民法969条）等いくつか方式があり、所定の要件がそれぞれ異なる。一般的な読み方は「ゆいごん」だが、法律上の正式な読み方は「いごん」である。

※**12**　遺言書等で特定の相続人等に相続財産が承継された場合、承継できなかった相続人が、当該財産の取得者に対し、一定額の金銭の支払いを請求できる権利のこと（民法1046条）。

筆者の経験したケースでは、遺言書はあった。しかし、公正証書遺言にはしておらず、しかも封緘をしていない下書きの状態だったので、遺言の効力が微妙なケースであった。さらには、被相続人には子供がおらず、相続人は奥さんと7人の被相続人の兄弟という事例だった。

最初は奥さんから相談を受けて、遺言の趣旨としては全てを奥さんに分配するという内容であり、奥さん曰く他の相続人は反対しないという話だったが、奥さんが被相続人死亡直後に相続人の一部とささいな行き違いが原因で揉めてしまった経緯もあり、結果として一部の相続人が強硬に反対してきた。遺言無効確認（※13）の訴えまでしてくるという鼻息の荒さである。遺産の金額が軽く140万円を超えているので、筆者が奥さんの代理人となることはできなかったが、財産調査や分配方法の提案、法的な考え方などを中立の立場でいろいろ説明し、結果としては被相続人の意思に基づいて奥さんに相続財産を承継させよう、但し各相続人にはわずかばかりだがお世話になった謝礼金を支払おうということでまとまることができ、不動産だけでなく預貯金等についても遺言書の内容通り執行することができた。依頼者である奥さんには大層感謝され、私とは孫くらいの年の差があるが、主人の若い頃を見ているようで、私が死亡したら先生に財産を全て譲りたいとまで言ってくれた。もちろん、結構な額の報酬金を頂戴しているし、今後の財産管理の問題として任意後見、遺言、成年後見などの制度を紹介し、丁重にお断りをしたわけだが（笑）。今でも思い出す感慨深い相続案件である。あれ以来、どれほど複雑な相続案件であっても、自信を持って対応できるようになったことを覚えている。

もう一つのケースは、相続登記を放置してしまったことによるトラブルである。後述の通り、

※13　本人が書いた遺言書ではないなど、遺言の効力を争う訴訟のこと。

相続登記には、これまで申請義務がなかった。そのため、相続税の税務申告などと異なり、転売するなどの事情がない場合には、そのまま土地建物を相続人が使用するには不都合がなく、かつ名義を変更するためには安くない登録免許税（※14）を支払う必要があるので、相続登記をせずに放置されるケースが少なくなかった。

しかし、これを長年放置すると、今度は相続人が死亡し、相続人が芋づる式に増加していくので、いざ相続登記をしようとするときに相続人が膨大な数となることもある。そうなると、相続人を特定するための戸籍の調査だけでも半年以上かかるケースもある。筆者の経験したケースだと昭和の初期から放置していたケースで相続人が最大100人にまで達したケースもあった。仮に相続人の調査が終了しても、そこまでいくと相続人同士で面識など全くないし、全国津々浦々に在住しているので、一堂に会するのも不可能であるから、話し合いではまとまるわけがない。筆者のケースでは結局弁護士に依頼して訴訟をした。固定資産評価額がわずか10万円程度の土地に、最終的には100万円以上の訴訟費用をかけて登記をしたケースもあった。一般的な相続のケースであれば司法書士報酬は7万〜10万円くらい、登録免許税等の実費も土地の価格が低廉であればそれほどかからないだろう。

こうしたケースも少なくないので、相続の相談を受けた場合には、単に登記手続と費用の話をするだけでなく、こんなコワーい話もしてあげると、依頼者は真剣になるだろう。ウソのようでホントの話である。

近年は、このように相続登記が放置された結果、相続関係が複雑になり、現在の所有者がわからなくなっていることが社会問題化しているようだ。後述する所有者不明土地の問題であ

※14　相続の場合は、不動産の固定資産評価額×0・4％（登録免許税法　別表第1の一（二）イ）。

る。単に登記をしていないだけで、土地を利用しているのならば、まだ問題は表面化していないが、近年は、利用されず放置されている土地も多い。そうなると大量のゴミや雑草が隣人を悩ませるものの、所有者が不明なので、解決し難い問題になっている。国もこの問題を重く見たのか、一定要件の相続登記の登録免許税を減免する等、相続登記を促す施策を平成30年の税制改正で行った。

そして、後述する所有者不明土地問題を解決するためのさらなる対策の1つとして、令和6年4月1日から、相続登記が義務化されることになった。

これにより、相続人が相続登記を正当な理由なく怠った場合には、10万円以下の過料という罰則を受けることになる。

したがって、今までは登録免許税や司法書士報酬等の費用がかかることを理由に相続登記を申請することを避けていたケースが、今後は減少することが見込まれる。

我々司法書士業界でも、相続登記の義務化は実務に非常に大きな影響のある改正であり、かつ所有者不明土地問題を軽視せず、相続登記の重要性を一般の方に広く認知してもらうよう、様々な形で広報活動を行っている。

さらには、相続登記の義務化をビジネスチャンスと捉え、積極的に広告や宣伝を行う司法書士事務所も増えているという印象だ。

▼所有者不明土地問題対策と司法書士

所有者不明土地とは、土地の所有者が亡くなった後も相続登記がなされないことによって、不動産登記事項証明書から現在の所有者が判明せず、本来の所有者と連絡が取れないような土地のことをいう。

こうした土地が全国各地に存在しており、土地売買や国・県等の公共団体による用地取得、森林山野の管理など、様々な場面で問題になっている。

単に現在の所有者がわからないだけの問題ではなく、適切な管理がなされていない土地やそのような土地に建てられている空き家は、害虫の発生や倒壊、大雨による崩落のリスクがあるため、周辺住民の生活を害することがあり、長年問題視されてきた。

そして、所有者不明土地問題を解決する対策の1つとして、前述した相続登記の義務化があるが、令和5年4月1日以降、段階的に様々な対策がなされた。

例えば、相続土地の国庫帰属制度である。これは、土地を相続した相続人が、土地を手放したいと考えた場合、一定の要件を満たした上で、法務大臣の承認を得た場合、土地の所有権を国に帰属させることができる制度である。

これまでは、一旦相続した土地の所有権は放棄できず、買い手が見つかるまでは永続的に管理を行う必要があった。しかし、活用できない土地に対して、そのような負担が永続的に続くのは、費用・労力的に厳しいものがあり、放置される土地が増加してしまい、前述のような害虫や崩落リスクの高い土地も増加した。

しかし、今後は、相続土地の国庫帰属制度が活用されることにより、このような土地を少しでも減らせる可能性があるといえる。

とはいえ、相続土地の国庫帰属制度を利用するためには、建物が無い更地であることや10年分の管理料を前納する必要がある等、低くないハードルの要件を満たす必要があり、かつ法務局に対して申請手続を行う必要がある。

我々司法書士は、法務局の手続に関与することができるので、相続土地の国庫帰属制度についても相続人に代わって申請書類の作成対応をすることが可能である。

今後、所有者不明土地や空き家の問題に対しては、単に手続の代行や書類作成をするだけでなく、どのような対応をすれば相続人が抱えている問題を解消できるのかという観点で司法書士は相談等に臨むべきであろう。筆者としても、不動産分野の専門家の一人である司法書士は、本問題を解決するために欠かせない存在であると考える。これから司法書士を目指す人で所有者不明土地問題に興味がある方は、是非、本問題に取り組んでいただけると有難い。

信託の世界

信託(※15)は、不動産に限った話ではない。No19(191ページ)で解説する後見制度支援信託や家族信託などのように、様々なケースで活用されるべき制度であろう。

その中でも、不動産信託は、信託財産であることを公示するために、信託登記をする必要があるため、司法書士業務とも密接な関わりがある制度である。

但し、信託分野は、不動産信託会社・信託銀行など、特定の信託業を取り扱っている会社から依頼が来るケースがほとんどであるため、大量の登記案件であることからも、都市部でも筆者のような個人事務所ではほとんど扱っていないだろう(但し、家族信託のように、個人所有の不動産が対象の場合を除く)。一時に比べると、不動産を中心に扱うファンドのブームも過

※15 ある人が自己の財産を信頼できる他人に譲渡するとともに、当該財産を運用・管理することで得られる利益をある人又は第三者に与える旨を他人と取り決めること。主に信託法・信託業法で規制されている。

ぎたような感があり、案件数は減少傾向にあるかもしれない。筆者も以前、某ファンドの組成に関わったが、1号ファンドがうまくいけば、2号・3号と組成していくようだったみたいで筆者としても期待していたが、その後いい話を残念ながら聞かない。

しかし、金融商品の多様化とともに、信託の仕組みは、新たな金融の流れを作る手助けとして活用されてきたため、今後もどのような形で発展していくかはわからない、先端業務といえる。一部の大事務所では積極的に行っているようであるから、勤務時代に経験値を積むとすればこのような事務所に入る必要があるし、仮に関わることができるとすれば貴重な機会であるから、そのチャンスは活かすべきだろう。

15 商業登記いろいろ

会社もいろいろ

▼商業登記って?

商業登記は、会社に関する事項を記録している制度である。現在会社法で認められている会社の種類は、株式会社、合名会社、合資会社、合同会社の4種類(※1)だが、どの会社であっても設立時に設立登記をして、初めて会社としての効力が生じることになる。

これ以外にもNPO法人など、会社法以外で認められている特殊法人の登記(以下「法人登

※1 会社法2条1号

登記事項証明書のサンプル

履歴事項全部証明書

東京都渋谷区○○X-X-X
株式会社　E

会社法人等番号	XXXX-XX-XXXXXX
商号	株式会社　E
本店	東京都渋谷区○○X-X-X
公告をする方法	当社の公告は、官報に掲載する方法により行う。
会社成立の年月日	平成○年○月○日
目的	1. インターネット等の通信ネットワークを利用した情報提供サービス、情報配信サービス並びに広告提供サービスに関するシステムの企画、開発、製作、販売、賃貸及び保守 2. インターネット等のネットワークを利用した広告の企画、製作及び販売 3. 不動産の売買、賃貸、仲介及び管理業務 4. 市場調査並びに各種マーケティングリサーチの請負 5. 広告代理店業務 6. 有価証券の保有、売買、投資及び運用 7. 前各号に関する調査、企画、研究、開発、教育、研修並びにその受託及びコンサルティング業務 8. 前各号に付帯又は関連する一切の業務
発行可能株式総数	1万株
発行済株式の総数並びに種類及び数	発行済株式の総数 200株
資本金の額	金200万円
株式の譲渡制限に関する規定	当会社の株式を譲渡により取得するには、取締役会の承認を受けなければならない。
役員に関する事項	取締役
	取締役
	取締役
	東京都品川区○○X-X-X　代表取締役　e
	監査役
取締役会設置会社に関する事項	取締役会設置会社
監査役設置会社に関する事項	監査役設置会社
登記記録に関する事項	設立 平成○年○月○日登記

これは登記簿に記録されている閉鎖されていない事項の全部であることを証明した書面である。

令和○年○月○日
東京法務局渋谷出張所　　　　登記官　　　　○○○○(印)

記」という)もあるが、これは話が複雑になるので本書は除いて考える。

本書では商業登記といえば、会社のこと、とりわけ株式会社のことを指して書いているので、その点は予め注意いただきたい。

さて、話を戻すが、商業登記簿は、会社ごとに作成されている。設立時に商号など一定の事項を登記し、その後登記事項に変更などがあれば、その内容に合わせて変更していく。

それを一般公示用として誰でも取得できるようにしたのが、商業登記簿謄本であり、現在の正式名称が登記事項証明書と呼ばれているのは、不動産登記と同様である。オンラインで取得可能なところなど、取得方法も不動産登記と同様である。

登記事項に変更があった場合には、不動産登記同様、法務局の職権では行われず、会社の代表者である代表取締役が、株主総会議事録など所要の添付書類を作成して登記申請を行う必要がある。申請する内容によって細かく添付書類の内容などが異なるので、これも慣れない素人にとっては、労力がいる作業である。しかも、商業登記の場合には、原則として変更日から2週間以内という登記申請期限(※2)があるため、このタイトな期間を遵守するためには司法書士に依頼する必要があるだろう。

オンライン申請が可能なことなど、基本的な申請方法は不動産登記と同様である。

▼商業の登記事項証明書って?

商業の登記事項証明書は、大きく分けて4種類ある。①履歴事項証明書、②現在事項証明書、③閉鎖事項証明書、④代表者事項証明書である。

※2 会社法915条

①は、原則としてその会社の設立後から現在までの変更事項が記載されている証明書。②は、現在効力を有する事項のみ記載した証明書。なので、過去の役員等の記載がない。③は、解散して消滅した会社など閉鎖された事項を記載した証明書。④はその会社の代表者・商号・本店所在地のみを記載した証明書である。

基本的には①を取得するが、銀行など膨大な登記記録がある会社の場合には、①では枚数が多くなり、記録としても不便だし、取得手数料が1万円近くなることもある。その場合には、②や④で足りるときもあるだろう。

ただ、一定の場合には①で足りず③まで必要となるときもある。当該会社を調査するときなどだ。例えば、会社の本店所在地を移転したことに伴い、管轄法務局が港区から渋谷区に変更した場合、登記記録の管理も港法務局から渋谷法務局に変更となる。その際に全ての情報が移管されるわけではなく、本店移転登記時に現在効力を有していた事項のみが移管される。

そのため、移転前の役員状況などの情報を知るためには、渋谷法務局で履歴事項証明書を申請しても取得できず、港法務局で管理している閉鎖事項証明書の取得申請が必要である。

これは、会社の社長や法務担当者も知らないことが多く、雑談で今後新規取引先が増えるんだみたいな話を依頼者から聞いた際には、履歴事項証明書は取得したか？　本店移転の経緯はないか？　あるなら閉鎖事項証明書は念のため取得したか？　などを確認してあげると喜ばれるだろう。提案法務の基本である。

筆者が以前に相談を受けたケースだが、M＆Aで買収した会社が簿外債務を実は負っていて、買収から半年後に債権者から数千万円の支払請求を受け、当該会社では支払えないので、買収した親会社がやむを得ず支払うことになった。もちろん当時の代表者には、損害賠償請求できるだろうが、既に売却代金も費消していて、損害金を支払うことも困難なようである。これは、当該会社が、一度業務を閉鎖し休眠していた時期があり、休眠前に残っていた負債に関するもので、買収時の貸借対照表から漏れていたものである。もちろん負債状況などは登記事項ではないので閉鎖事項証明書を取得しても簿外債務の存在まではわからないが、買収時に閉鎖事項証明書を取得していれば、役員が買収時と全く異なる時期があることが判明し、買収時点で代表者に事情を確認することによって、未然に回避できたかもしれないケースであった。このように、登記簿には隠れた情報があるので、登記事項証明書の調査を軽視してはいけない。登記の専門家である司法書士は、依頼者に積極的に登記事項証明書の重要性を説くべきである。

そもそも司法書士がM&Aに関わることが少ないって？　それは弁護士の領域では？　そんなことはない、司法書士がM&Aに関われる場面はたくさんある。その話は、No17（172ページ）で解説する。

▼株式会社と合同会社の比較、1円で会社は本当に作れるの？

会社法が平成18年5月に施行されて、資本金が1円でも株式会社が設立できるようになった。会社法施行前は株式会社を設立するためには原則として1000万円の資本金が必要だった。そのため設立しやすくなったのは大きなメリットだ。これ以外にも機関設計が取締役1名のみでOK（※3）など会社の規模に合わせて柔軟化されたため、会社がどのような機関設

※3　会社法326条

計にするべきか？　司法書士の腕の見せ所といえよう。

ちなみに、実際に1円で設立できるからといって、1円で設立するのは好ましくないと筆者は考える。1円で設立すると、登録免許税など設立に最低限必要な実費額未満の金額だからだ。とはいえ、金額が大きすぎると消費税や外形標準課税の問題など税務上の懸念点が生じる。税務上の問題は必要に応じて依頼者へ税理士を紹介するなど、税理士との協力が必要だろう。気軽に相談できる他士業の人脈・友人関係は税理士に限らず大切だ。

また、株式会社だけでなく、合同会社にすべきか？　という相談もよく受ける。実際には依頼者は株式会社を設立するつもりで相談に来たがよくよく話を聞くと合同会社でもいいのでは？　という事例も多々ある。日本では海外と異なり合同会社にパススルー課税（※4）の適用がないので、税務上は同じ法人扱いのため、株式会社と合同会社に違いはない。合同会社の最大のメリットは設立コストが安いことである。登録免許税だけでも株式会社の半額以下（※5）だ。

株主も役員も自分だけという一人会社の場合など合同会社で十分なケースや海外取引が多い場合で合同会社の方が取引先の受けがいいケースは多々ある。単なる登記の必要事項だけではなく、依頼者の設立にかける想いや事業内容、設立直後の資金調達プランなどもよく確認し、適切なアドバイスをすることが重要だ。

有限会社はどこにいった？

先ほど、会社の種類の話をしたが、会社法施行前は有限会社という会社形態があった。会社

※4　法人課税ではなく、構成員の所得に直接課税すること。二重課税の回避手法と言われている。

※5　いずれも資本金額×0.7％が原則（登録免許税　別表第1の二十四（一）イ・ハ）。但し、株式会社の場合は最低額が15万円だが、合同会社の場合は最低額が6万円である。

法施行前は株式会社を作るのに、資本金が1000万円必要だったり、役員として取締役3名＋監査役1名が最低限必要だったりするなど制限が多かった。そこで、資本金が300万円で足り、役員も取締役1名でいい有限会社が重宝されていた。

しかし、会社法の施行により、株式会社を設立する場合であっても資本金は1円で足り、役員も取締役1名で可能なので、有限会社の実益がなくなった。そのため、会社法の施行に伴い有限会社制度が廃止された。

とはいえ、会社法施行時点で既存の有限会社が多数あるので、これらを一律に廃止するわけにはいかない。そこで、会社法の施行に伴う関係法律の整備等に関する法律(以下「整備法」という)にて、既存の有限会社については、何らの変更登記を要せず、存続できるようにした。将来的にどうなるかは不明だが、現時点ではずっと有限会社のままでも構わないとされている。

会社法施行直後は、資本金や機関設計の変更をせずに株式会社化することが可能だったため、結構な数の有限会社が株式会社化したように思う。筆者のところにも多数の依頼があった。

しかし、現状ではそのブームが若干過ぎ、むしろ有限会社のままでいる会社も多いと思われる。

これは、有限会社が新規に設立することができなくなったため、希少価値を見出している経営者もいるということだろう。

だが、有限会社のままでいることには若干の注意が必要だ。整備法に基づき、有限会社のままであっても、原則として会社法上の株式会社の規定が適用される。

但し、役員の任期(※**6**)がなかったり、合併の存続会社(※**7**)となれないなど、一部株式会

※**6**　株式会社の場合は取締役の任期が原則2年、最大でも10年(会社法332条)。

※**7**　合併の際に、権利を承継する側の会社のこと。

社の規定が適用除外となっている事項もある。

以前、当方のところにセカンドオピニオンに来た有限会社の経営者が、自社を存続会社として合併させようとして、その手続を筆者ではない司法書士に依頼していたところ、その司法書士も整備法に気がつがず手続を進めてしまったため、経営者が希望していたスケジュール通りに合併することが不可能になってしまったと嘆いていた。最初に整備法の規定をその司法書士が把握していれば、株式会社化と同時並行で手続を進める手法などを活かし、経営者の希望通りに手続を完了させることはできたはずだった。このように、会社法・整備法の条文を一つ見落とすだけで、依頼者に多大な損害を与える可能性もあるので、これから司法書士を目指す人は、受験時代に会社法を不得意になるのは是非避けてもらいたい。司法書士の実務で即一番活用するのは会社法だからだ！

▼会社の根本規則〜定款

定款（※8）は、会社の根本規則である。会社の企業規模が大きくなればなるほど、役員規程や就業規則、管理者マニュアルなど、様々な社内規定やマニュアルを作成することになるだろう。だが、企業の規模に関わらず、どの会社も最初に作成するのが、この定款だ。

定款は、いろいろな設立関係の書籍が世の中に出ているし、インターネットも発達しているので、Google等で検索すれば、それなりの雛形が見つかるだろう。最近では、必要事項を入力するだけで、設立に必要な書類の作成が可能となるサイトもある。

それらの雛形通りに作成すれば、とりあえず会社を作ることができる。

※8　会社法26条

だが、果たしてそれでいいのだろうか？

近年では、定款に創業理念を定めるなど、独自のスタイルを定めている会社もある。

もちろん創業理念を必ず定めろということではなく、単に登記に必要な事項だけでなく、依頼者の事業計画や創業理念などをよく聞き、オーダーメイドの定款を作成することが、司法書士のあるべき姿だ。

そして、定款は企業規模に応じて変化していくべきものだから、設立したらそのままではなく、一定期間経過して会社が順調に成長していったら、定款も都度見直しを諮るべきである。

会社ではそこまで意識していないことも多いだろうから、我々司法書士が提案法務として会社に提案していくべきことだろう。

▼商業登記の現場～会社設立を頼まれた、さあどうする！

設立を例に、商業登記の現場を見ていこう。

筆者は、設立の相談を受けた場合、まず、相談シートを依頼者に配布し、可能な範囲で最初の打ち合わせ日までに所定事項を記入してきてもらう。

依頼者において自分が作りたい会社のイメージを頭の中だけよりも実際に書き出してもらった方が整理できるし、筆者としても打ち合わせがスムーズになるからだ。

そして、最初の打ち合わせ時に細部をつめ、正式な依頼となればこちらで定款（案）を作成する。

スケジュールがタイトな場合はスケジュールが確保できないときもあるが、筆者の場合には定款(案)の概ねの条項に解説コメントをつけ、依頼者に数日〜1週間くらいかけてじっくり読み込んでもらう。その方が、自分が会社を設立をしているという実感がわくからだ。特に事業目的は将来まで視野に入れて検討する必要があるので、大事な部分である。商号だって、後から変更すれば費用もかかるので、最初にじっくり考えるべきだ。機関設計もである。

そうして完成した定款を公証役場で認証し、出資金の払込を経て、必要書類に調印してもらえば、登記申請をする準備が整う。

あとは、設立登記申請をするだけである。設立登記申請(※9)をした日が会社の設立日となるので、この日は非常に重要だ。キリよく1日とするときもあれば、大安にする、はたまた占星術に基づき一番いいとされている日を希望する人もいる。これは安易に考えてはいけない。依頼者にとってはわが子の出生と同じくらい大事な日だからだ。我々司法書士はこの日に間に合うように準備する必要があるので、設立の場合はまずこれを最初に依頼者に決めてもらうことが大事だ。

設立後もいろいろな手続がある。社会保険関係や許認可、税務関係の届出などである。これらは司法書士が行える業務ではないので、必要に応じて自分の知り合いの専門家を紹介する必要があるだろう。依頼者はそもそもこれらの手続が必要なことを知らない場合も多いので、我々司法書士から積極的にアドバイスする必要がある。そのためには、いつでも相談できる他士業のネットワークを構築することも大事だが、自分が他士業の業務を案内できる程度には理解しておく必要がある。

※9 会社法49条

役員の任期満了と再任手続〜過料を侮るな！

会社の役員には任期がある。任期は定款で定めることになるが、取締役の場合は原則として2年（※10）である。したがって、2年に1回、定時株主総会で取締役の再任手続を行う必要がある。これは、同じ人が役員を継続する場合であっても必要な手続で、再任登記も必要である。

しかし、これが意外と失念されがちだ。特に今は役員の任期を最大で10年に伸ばすことができるようになったため、任期管理をきちんとしていない会社も多い。また、筆者も依頼者から言われることがあるが、再任登記費用がもったいない（中小企業であれば実費＋司法書士報酬で3〜4万円くらいなのだが）として、再任登記を申請しない会社もある。

登記申請や役員の選任を懈怠した場合、会社法上、最大で100万円以下の過料（※11）を代表取締役個人が受ける可能性がある。これは裁判所の決定で突然来る。

実際には、過料を受けても前科はつかないし、受けても100万円という金額でなく数万円程度が一般的だ。そもそも懈怠しても過料の決定自体来ないことの方が多いだろう。

しかし、油断してはいけない。聞いた話によれば、東京だけでも1月で100社分くらいは裁判所が過料の決定を出しているようである。意外に多い。少なくとも我々司法書士は安易に登記懈怠をすべきではないし、依頼者にもそのようにアナウンスすべきだ。

決算公告って本当に必要？　電子公告と官報の違い

役員の再任よりももっと実施されていないのが、決算公告である。株式会社は、毎年定時株

※10　会社法上厳密には、2年内の最終の事業年度に係る定時株主総会の終結時。

※11　会社法976条

主総会で承認を受けた貸借対照表（※12）を定款所定の方法で決算公告をする必要がある。中小企業であれば官報が一番多いだろう。上場企業であれば金融商品取引法上の有価証券報告書を提出しているので、この義務を怠ることはない。

しかし、中小企業の場合は、9割以上の会社がこの決算公告をしていないと思われる。本来は決算公告をしなかった場合には過料の制裁を受ける。だが、登記懈怠以上に過料を受けるケースがないので（筆者の知る限りではゼロである）、実際に決算公告をしている企業が多くないというのが現実だ。

また、電子公告という自社ホームページでの公告が認められており、この場合には自社ホームページに貸借対照表等を掲載すればいいので、費用（※13）がかからない。そのため、公告方法を電子公告としている会社も多い。

だが、これも安易に電子公告とすることはお勧めしない。

電子公告の場合、官報と違い、個別注記表など全文を記載する必要がある上に、5年間掲載を継続しなければならないからだ。官報は、新聞みたいなものであり、かつ購読者が新聞に比べて少ないため、仮に掲載してもほとんど閲覧されることはない。そのため、積極的に情報開示したい会社はともかく、電子公告では不都合が生じる会社もあるだろう。我々司法書士としては安易に電子公告を勧めるべきではないと考える。

▼商業登記は自社でもできる？　司法書士の目から見た登記の落とし穴

この話は、司法書士受験生よりは、企業の法務担当者向けの話である。

※12　大会社の場合は損益計算書も併せて公告する必要がある（会社法440条）。

※13　官報による決算公告の場合は、最低でも約7万円かかる。

商業登記は、自社に関するものなので、売買取引のような不動産登記と違い、利害対立がないため、自社のスケジュールに沿って申請することができる。

一般人向けの書籍やインターネットの普及もあり、近年は、自社や自分で登記申請をする人も多い。設立や役員変更などある程度形式が決まっている登記はその傾向が顕著だろう。

実際、筆者は商業登記を専門分野にしているので、一人事務所のわりには年間の商業登記の申請件数が他事務所に比べ多いだろうが、設立や役員変更のみの申請の割合は多くない。

確かにこの手の登記はやろうと思えば自社でもできるだろうし、筆者もそれを止めるつもりはない。

だが、商業登記に関し、司法書士に頼むべきコツがある。

それは、全てを簡単な登記と思わないことだ。登記を経験したことがある人は、一を知って十を知った気になる人が多い。例えば設立登記や役員変更登記を一度経験しただけで、登記のことを全て知った気になり、登記なんて簡単だ！　と思う人がいる。

これは大きな落とし穴だ。例えば設立一つとっても発起人が法人となれば必要書類や注意事項も変わってくる。

合併登記など債権者保護手続（※**14**）が必要となるものは、スケジュールに注意が必要である。

したがって、筆者としては、どんな登記であっても会社の知らない罠が潜んでいるかもしれないから、法務企画の段階で、司法書士に一度相談することをお勧めする。

実際に登記の依頼をするかどうかはともかくとして、企画の段階で司法書士に相談し、登記リスクなどのアドバイスをもらっておけば、残りは自社で対応可能な企業もあるだろうし、自

※**14**　会社法789条、799条

社での対応が困難だと思えば司法書士に依頼すればよい。何も実際に登記を申請することだけが司法書士の仕事ではない。気軽に相談してもらえれば、会社法の専門家である司法書士はいろいろなことをアドバイスしてくれるだろう。もちろん相談料は相談内容に応じて請求させていただくだろうが、そこは渋らずに払っていただきたい(笑)。

▼商業登記に関する法改正はビジネスチャンス～令和3年施行会社法改正等～

我々司法書士にとって、法律や登記実務の改正(以下「実務改正」という)は、ビジネスチャンスである。特に、登記実務の改正は司法書士が専門家なので、企業や個人だけでなく、他の士業からも改正に関する相談が増加し、案件獲得につながる機会が増える。

たとえば、平成28年10月の株主リストの添付義務化という実務改正がある。商業登記申請をする際に、株主総会議事録を添付する場合、原則として議決権の67%以上を記載した株主の一覧表を添付することとなり、この一覧表を株主リストと呼ぶ。

株主リストの内容自体はそれほど複雑なものではなく、定型文書であるが、この実務改正がきっかけとなり、今まで中小企業・同族企業ではあまり意識されていなかった株主管理の必要性が着目され、株主・株式に関する相談が増加した。

中には、この株主リスト作成に伴って、自社の株主管理を試みたところ、先代が株式譲渡を多数回行っており、現状の株主構成を全て把握することが困難なことが判明し、株主調査案件として筆者が受任したこともある。

また、令和3年施行の会社法改正に伴う実務改正やクラウドサイン等の電子署名の普及により、株主総会議事録や取締役会議事録等の各種登記書類につき、紙で印刷した書面に印鑑を捺印するのではなく、電子署名を付した電子データで作成されるケースが増えてきている。

筆者も使用可能な電子署名の種類や電子署名の方法等、登記書類の作成に際して、印鑑とは異なる内容の相談を依頼者から受けるケースが増加した印象だ。今後、商業登記案件を対応する上では、電子署名の制度を理解することは容易ではないが、司法書士にとって必須の知識といえよう。

とはいえ、電子署名が今後さらに普及することにより、そういった制度の理解を苦手とする既存の司法書士も少なくないと思われるので、既存の司法書士が商業登記案件を受任することを避けることになれば、今後司法書士業界に参入する若手司法書士にとってはビジネスチャンスになるとも思う。

実務改正をいち早く押さえて理解するのは、我々専門家でも容易なことではないが、このように実務改正がきっかけとなり様々な業務を受任するケースも少なくないので、比較的時間に余裕のある開業当初こそ、実務改正に積極的に関与することをお勧めしたい。筆者も平成18年会社法の実務改正がきっかけとなり、それまでは商業登記をほとんど手がけたことがなかったが、今では商業登記を専門分野・得意分野と自負できるようになったと言える。

まだまだある登記業務
～債権譲渡登記・動産譲渡登記～

▼債権譲渡登記・動産譲渡登記って？

登記業務のメインは不動産登記と商業登記だが、それ以外にも登記制度がある。それが、債権譲渡登記・動産譲渡登記だ。これは、動産及び債権の譲渡の対抗要件に関する民法の特例等に関する法律（以下「特例法」という）に基づく登記である。

筆者もそうだったが（そもそも筆者の受験時代は、債権譲渡登記制度はあったが、動産譲渡登記制度はなかった）、司法書士の受験勉強では全くやらないため、実務になって初めて特例法を知る人が多いだろう。

債権譲渡登記とは、法人が有する金銭債権の譲渡や金銭債権を目的とする質権の設定について、簡易に債務者以外の第三者に対する対抗要件を備えるための制度である。金銭債権の譲渡又は金銭債権を目的とする質権設定をしたことを第三者に対抗するためには、原則として確定日付のある通知（※1）をするか、債務者の承諾を得る必要がある。しかし、債権譲渡登記（※2）をすることによって、通知・承諾を行わなくても第三者にその旨を対抗することができるようになった。

債権譲渡登記制度は、平成10年10月からスタートした制度であり、不動産登記や商業登記に比べると歴史の浅い制度だが、平成17年10月の改正で債務者が不特定の将来債権であって

※1　一般的な方法としては、内容証明郵便による通知書を送付する方法が使われる（民法467条）。

※2　特例法4条

も登記の対象とできるようになったことにより活用の幅が広がり、現在では登記申請件数が年間約3万件に達している。

後述するアセット・ベースト・レンディング(Asset Based Lending、以下「ABL」という)等に伴う債権譲渡担保や債権の流動化などの目的で、法人が多数の債権を一括して譲渡するような場合には、債務者も多数に及ぶため、全ての債務者に対して民法所定の通知又は承諾の手続をしなければならないとすると手間や費用の面で負担が非常に重くなる。また、債権譲渡担保の場合には、債務者よりも第三債務者(債務者に対してさらに債務を負う者)の立場の方が強く、第三債務者に知られたくないケースがある。このような問題を解消するためにできた制度が債権譲渡登記である。

一方、動産譲渡登記とは、法人が行う動産の譲渡として、占有改定(※3)等の外形的には判然としない公示方法ではなく、公示性に優れた登記によって対抗要件を備えるための制度である。動産譲渡登記制度は、債権譲渡登記制度よりも遅く平成17年10月からスタートした制度であり、現在では登記申請件数が年間約7000件に達している。

近時、金融実務において、企業の資金調達手段として、企業の有する棚卸資産、機械、工作物といった動産を担保として積極的に活用すべきとの意見があった。しかし、民法が規定する占有改定等の公示方法では不都合が多々あったので、それを解消するためにできた制度が動産譲渡登記である。

他方で、債権譲渡登記及び動産譲渡登記(以下「債権・動産譲渡登記」という)は、当事者である法人が全国のどこに本店を置いている場合であっても、東京都中野区にある東京法務局債

※3　ある目的物の占有者が、それを手元に置いたまま占有を他者に移す場合のこと(民法183条)。

権登録課・動産登録課に申請する。

また、債権・動産譲渡登記についても、不動産登記や商業登記と同様に、債権・動産譲渡登記簿があり、登記事項証明書が取得できる。但し、法人間の具体的取引内容や担保状況を示すものであるため、不動産登記や商業登記と異なり、後述する登記事項証明書は、申請当事者等の利害関係人しか取得することができない。登記事項証明書の申請先は、後述する概要記録事項証明書を除き、東京法務局債権登録課・動産登録課である。

債権・動産譲渡登記簿は、大きく分けて①登記事項証明書、②登記事項概要証明書、③概要記録事項証明書の3種類がある。

①は、1件の債権・動産譲渡につき、登記されている債権・動産譲渡の内容について全て記載してある証明書。1件の登記申請につき、1個の債権・動産ごとに証明したものと数個の債権・動産についての登記事項を一括して証明したものとがある。②は、1件の債権・動産譲渡につき、登記されている債権・動産譲渡の内容の内、譲渡人及び譲受人の商号・1件の債権総額など特例法で定める一部の事項のみを記載した証明書。①と違い、個別の債権の金額や種類などは記載されない。③は、債権・動産譲渡を行った法人ごとに、当該法人の債権・動産譲渡登記を一覧にした証明書で、譲受人や登記日のみが記載される。

企業の信用調査をする上で、当該企業に関する不動産登記簿や商業登記簿の内容を精査することは、従来から重要な項目の一つだ。昨今では、債権譲渡担保により債権譲渡登記をするケースが多くなっているので、不動産登記簿や商業登記簿だけでなく、当該企業の債権譲渡登記簿が存在するかどうか、またどのような債権譲渡登記をしているかも調査すべきであるし、我々司法書士としては依頼者に対してアドバイスをしていく必要がある。

信用調査として見るべきポイントは、譲受人と債権額の記載が中心である。譲受人に多数のノンバンク又は当該企業の取引先が登記されている場合には、融資金ないしは買掛金の担保として当該企業の売掛金を担保に取られている可能性が高く、銀行以外の借入金が多い又は買掛金の支払が約定通り履行できないほど経営状況が芳しくない可能性があるので、注意が必要だ。

▼債権譲渡登記・動産譲渡登記の現場と活用法

債権・動産譲渡登記の活用法として近年多くなっているのが、前述したABLだ。

ABLは、「企業の事業そのものに着目し、事業に基づく様々な資産の価値を見極めて行う貸出(※4)」であり、一般的には、企業の有する売掛金等の債権や商品在庫等の動産など事業収益資産を担保とする融資制度のことである。

担保価値の下落した不動産や社長の個人保証だけでは限界があるため、これに過度に依存しない融資制度としてABLが活用されるようになった。

そのため、企業が金融機関から融資を受ける際に、担保としてABLが利用できることをふまえ、日頃から売掛金や在庫の状況などを適切に管理しておくことが望ましいだろう。特に不動産を所有していない新興の中小企業や流動資産が多い企業などでは、ABLを利用する意義は高いであろう。

実際に、経済産業省の調査報告書によれば、ノンバンクを含む金融機関全体でのABL実施

※4　経済産業省発表のABLテキストによる定義。

率は、平成19年38・8％、平成20年48・7％、平成21年53％と年々増加していき、平成27年には70％にまで達した。

だが、それに対応できる司法書士は多くないようである。筆者のところに、リース会社を営んでおり、多数の債権・動産譲渡登記を検討しているが、対応できる司法書士が近くにいないということで筆者のブログを経由して相談に来た企業があった。これから司法書士を目指す人にもチャンスがある分野だろう。

他方で、債権・動産譲渡登記は金融機関・ファイナンス系の企業だけが絡む話ではない。事業会社同士の債権回収交渉の過程として、債権・動産譲渡担保の利用並びにそれに伴う登記の活用が検討されるケースが多くなっている。そのような場合には、我々司法書士は、登記申請を行うことはもちろん、債権回収に伴う裁判業務や担保契約書の作成など、企業法務の一環として一連のアドバイスを求められることも今後は少なくない。

▼民法（債権法）改正の影響

約10年の検討期間を要し、平成29年5月26日、債権法分野に係る「民法の一部を改正する法律」（以下「改正債権法」という）が成立した。

改正債権法は、令和2年4月1日から施行されており、施行当時は各企業において、契約書の見直しなど、様々な対応が必要となり、筆者も当時改正債権法絡みの相談をよく受けた。

改正債権法の検討段階では、債権譲渡の対抗要件を登記に一元化する等の改正案が検討され、筆者も注目していたが、結果として、債権譲渡の対抗要件に関して実質的な改正はなされず、本分野に関する登記実務への影響は現時点では無いと思われる。

とはいえ、一度改正議論が出たということは、今後本分野に関する改正が実際になされる可能性もある。そのようなときには、登記実務にも多大な影響があるかもしれない。そうなれば、司法書士にとっては新たなビジネスチャンスになり得ると考える。

債権法に限らず、法改正でビジネスチャンスをつかむことができるのは、改正直後が一番可能性は高いと考える。司法書士業界も、弁護士に負けずに、法改正や判例研究について、No22(205ページ)で解説する全国青年司法書士協議会等、アカデミックな研究をする機会・団体は多数あるので、興味がある方は、合格後、是非積極的に参加することをお勧めする。筆者も司法書士登録当初は、さまざまな業界団体に顔を出して、法改正等の情報収集を積極的に行ったので、平成18年・平成27年・令和元年の会社法改正において、それぞれビジネスチャンスをつかむことができたし、各改正のタイミングで研修講師として呼ばれる機会も非常に多かった。

したがって、法改正について、日頃からアンテナを張っておき、改正に関する実務書籍が充実していない改正の初期段階から、先取りして情報収集や研究しておくことは、重要と考える。

司法書士にお勧めする5つの企業法務

司法書士は、会社法のプロフェッショナル！

▼企業法務って？

企業法務と一口に言ってもいろいろある。各種契約書のドラフトやレビュー業務・知的財産分野・労働・賃貸・会社法・金融商品取引法など、また企業の業種によって、さまざまな法律が関与してくる。つまり企業に関する法務は全て企業法務と言えるだろう。

では、司法書士が企業法務を行う上で必要な能力とはどんなものがあるだろうか？

一通りの商業登記、例えば設立、各種役員変更、合併等の組織再編などの商業登記の基本はこなせることが前提だ。但し、これら商業登記の基本は、受験時代に記述式の勉強をする上である程度身につけられるから、さほど問題はない。

筆者の実感としては、会社の商業登記をする上で、次の5つの分野がフォローできるようになると、非常に業務の幅が広がりやすいと思う。英文契約書をドラフトするために英語ができなければとか、大規模のM&Aに対応できなければとか、必ずしもそういったことはないと考える。企業法務の敷居はそこまで高くないだろう。筆者自身英語は全くできない(泣)。

もちろん、英語などの外国語ができることは、渉外業務(※1)が増えているグローバル社会の現在では司法書士になる上でも多大なメリットがあるので、得意な人は是非その力を伸ばすべきだ。

※1　海外の企業が日本で子会社を設立したり、外国人が不動産を取得する場合など、外国の企業・人が手続に関与する業務。

M&A・組織再編業務

まず一つ目は、M&A・組織再編(※2)業務だ。

M&A・組織再編業務は、大企業だけの話ではない。中小企業でも社長の退任に伴う買収・事業承継問題があるし、子会社の整理のために合併等の組織再編手続を活用することがある。ベンチャー企業であれば、目標を株式上場ではなく、大企業へ自社を買収させることと考えている創業者もいるだろう。

そうしたときに、合併や会社分割などの登記手続を行うことになるのだが、これら組織再編に関する手続で一番大事なことは登記ではない。

その前段階で、会社法で規定している所定の手続を実施する必要があるからだ。もちろん会社法所定の手続が必要なのは組織再編に限った話ではない。だが、組織再編の場合は、債権者保護手続や株式買取請求の対応など、株主総会以外にも必要な手続が目白押しであり、スキームによって行うべき手続やスケジュールが様々な形で変化していく。そして、その前段階の手続でミスがあると、再度一から手続をやり直す必要があるなど、複雑かつ厄介な点が多い。

また、弁護士は、大局的な目線からM&Aの手法などを決めることは得意であっても、企業の法務スタッフが行うべき細かい法務事務手続やスケジューリングは苦手としている人が少なくない。

そこで、手続法務の専門家である司法書士が、登記だけではなく、スケジューリングや法務企画の段階から積極的なアドバイスや書類のドラフトが可能となれば、企業の法務スタッフから歓迎されることが多い。

※2　合併・会社分割など企業の形態を変化する登記に関わる業務(主に会社法743条~816条の10に関する分野)。

例えば、筆者の場合には、何社かのホールディングスカンパニー(持株会社)化を目的とした会社分割手続を行ったことがある。いずれもそれなりの企業の規模だったため、キックオフ(※3)ミーティングでは、M&Aコンサルタント会社、弁護士、社会保険労務士、企業の担当者や役員、司法書士と、10数名が一堂に会した。その際に、重要な案件ということで他士業や企業担当者はそれぞれ複数名体制で対応していたが、司法書士は筆者1名だけであった。そして、登記手続は司法書士の専門分野だから、一連の説明を筆者が行った。

さらには、その後実際の手続をする上でも、手続スケジュールへのアドバイスや、議事録等の登記書類のドラフトはもちろんのこと、登記手続とは直接関係がない法務書類の整備・子会社の今後の総会対策なども筆者が中心的に行っていた。

※3　手続の方向性を決定するため、一番最初に行うミーティングのこと。

このように、やり方によっては、企業規模の大きい組織再編案件であっても、司法書士が手続の主導を担って進めることが可能である。責任は重いかもしれないが、やりがいがある。

他方で、M&Aといっても、昨今は合併や会社分割などの組織再編に関する登記を行うケースは多くない。これは登記コストがかかることや手続に時間がかかることが要因の一つだろう。

そのため、現在では株式譲渡(※4)や事業譲渡(※5)といった、原則として登記が不要で、かつスケジュールも会社法上は合併等に比べ短期間で実施が可能な手法がよく利用されている。

とはいえ、詳細は、本章末のコラムで解説するが、株式譲渡のように直接は登記が不要であっても対象会社の役員や事業目的の変更登記が必要になることが多い。

筆者の場合、最近は上場企業の顧問先も増えてきたので、顧問先の上場企業から、株式譲渡の手法でのM&Aにより子会社化した会社の役員変更・定款変更・本店移転・募集株式発行(増資)の各登記をワンセットで依頼を受けるケースが増えてきた。

その際、対象会社の定款が、自社グループと齟齬して不備のある箇所はないか? 変更した方がいい箇所はないか? を積極的に精査し、依頼者からの変更希望事項にない事項でも変更提案することが少なくない。

これらの作業の一つ一つは、司法書士であれば企業法務・商業登記の専門家でなくとも、対応できる作業であることが多い。

しかし、依頼者のニーズに合わせて、適切な提案を多数かつ積極的にできる司法書士となると、現状では多くないようだ。筆者はその点を得意としているので、依頼者から信頼を得られることが多いと感じている。企業法務・商業登記を専門にと考えている方で、クライアントか

※4 会社法127条

※5 事業譲渡そのものの登記はないが、譲受会社が譲渡会社の商号を続用する場合には、免責の登記をする(会社法22条、467条)。

らのリピートが少ないと感じている方は、この点を意識して実務を行うといいかもしれない。

また、株式譲渡についても単に契約を締結すればいいというわけではなく、登記は不要なものの、譲渡承認手続など会社法上要求されている手続が多い。そこで、こういった場面でも手続法務の専門家である司法書士が活躍する場面は本来多いはずだが、司法書士がこれらの対応が可能であることは企業側にあまり知られていないようである。もったいない。是非司法書士側からの積極的なアピールが今後必要ではないだろうか。

▼株主総会準備業務

2つ目は、株主総会準備業務だ。

記述式の勉強をすると当たり前の話になるが、商業登記申請をする際、役員変更や定款変更などの基本的な登記であっても株主総会議事録が添付書類になることが多い。

登記をするだけであれば、添付書類となる議事録を作成するだけで足りるが、実際にはその前に企業は株主総会を開催している。

株主が一人だけのようなオーナー会社であれば株主総会をいつでも開催できる(※6)が、上場企業であれば何か月も前から開催の準備をしている。株式投資をやっている人だと、企業から招集通知という書類が届いたことがあると思う。あれを準備する。

とはいえ、上場企業であれば顧問弁護士や対応に慣れた法務スタッフがいる。

だが、株主が多いため会社法上の手続に沿って株主総会を開催する必要がある企業は何も上場企業に限ったことではない。

※6 実際には株主が一人だけなので会議体としては開催せず、議事録だけを作成することが多い。

ベンチャー企業であれば、ベンチャーキャピタル（※7）（以下「VC」という）から出資を受けていると、株主総会でVCの同意を得るために、招集通知（※8）又は書面決議（※9）など、会社法を遵守した株主総会の実施手続を求められることが多い。

しかし、当該ベンチャー企業には上場企業のようなマンパワーが足りないケースが多い。また、弁護士に依頼すると企業の予算に比して報酬が高額になることも少なくない。もちろん、株主総会当日の質疑対応など、弁護士でなければ対応できない事項もあるが、必要書類の準備やドラフトであれば、我々司法書士も対応可能である。

株主総会議事録だけでなく、取締役会議事録や招集通知などの関連書類のドラフトもしてあげられれば、ベンチャー企業や勤務する法務スタッフからは喜ばれるだろう。特に議案の中身の部分であれば、司法書士が株主総会後に登記申請をするために作成する株主総会議事録の延長線上にあるだけなので、登記申請をする司法書士が議案の検討段階から関与することは、後々の登記申請の際にトラブルが発生しないよう予防することが可能なため、メリットが大きい。

また、上場企業で多数子会社を抱えている企業であれば、同時期に多数の会社が定時株主総会を実施する必要がある。

そのとき、当該上場企業の法務部スタッフは、上場企業自体の定時株主総会の準備対応で手一杯なので、子会社の定時株主総会関連書類を司法書士が一括して対応可能であれば助かるというニーズがある。特にM＆Aを頻繁に行う会社であれば、役員の任期が会社毎に異なるケースも少なくないので、役員の任期管理と併せて関連書類のドラフトも対応可能である旨

※7 創業当時は、金融機関から融資を受けにくい。事業計画には魅力があるが、資金がない企業に出資する会社又は投資ファンドのこと。

※8 会社法299条

※9 株主全員の同意を得て、株主総会を開催して承認を得たものとみなされること（会社法319条）。

を提案すると喜ばれることが多い。

　他方で、後述の種類株式を実際に発行したベンチャー企業の場合であれば、今後何かを行う際には、種類株主総会の必要性も検討が必要となる。これは、実際の種類株式の内容によっても対応が異なり、非常に複雑で、かつ漏らしやすい。いざ登記の段になって、必要な種類株主総会を漏らしていたとなれば、後の祭りなので、株主総会準備業務から我々司法書士が担えることを企業に提案していれば、このような漏れもなくなるため、お勧めしたい。

　なお、司法書士側としては正確かつ広範な会社法の知識が必要なので、注意されたい。単に登記が通ればいいという問題ではない。法定期間の確保や、参考書類に記載が要求されている法定事項など、登記手続だけをしていたときには必要なかった会社法や施行規則・計算規則の法令にも目を通す必要があるだろう。だが、登記手続だけを受託しているよりも業務の幅は確実に広がるし、依頼者からの信頼度が増すはずだ。

▼新株予約権(ストック・オプション)や種類株式設計業務

　3つ目は、新株予約権(ストック・オプション)(※10)や種類株式(※11)の設計業務だ。新株予約権や種類株式の登記は商業登記の中でも複雑な部類に入る登記だ。発行手続自体は、株主総会決議や割当契約書の締結など、一般的な普通株式発行(第三者割当増資)の場合と大きく異なることはないが、問題はその中身だ。発行価額や発行数だけでなく、どういった場合に行使できるのか？　行使できなくなるのか？　はたまた付与した新株予約権や株式を企業側から一定の事由が発生した場合に強制的に取得できるようにするのか？　など、発行す

※10　会社が、取締役等一定の者に対して、行使すれば会社の株式を取得できる権利を与えること(会社法236条)。

※11　会社法108条

る企業の意図をふまえた内容にする必要がある。内容が複雑な分、柔軟性もあるので、事業承継や株主対策、役員や従業員のインセンティブ目的で発行されることが多い。

登記手続の段階では、企業が設計した内容のうち、登記事項をピックアップして登記するだけなので、それほど複雑な作業はない。だが、その前提となる中身の設計となると、会社法だけではなく金融商品取引法や租税特別措置法など他の法律が絡んでくるし、実際に設計した内容が会社法上有効であるかどうかの判断が解釈に委ねられているところも多く、様々な文献を調査する必要があるため、敬遠している司法書士も少なくないと聞く。ある程度パターン化されている部分も多いものの、企業が発行する目的や用途は様々(そもそも種類株式や新株予約権を発行すべきかどうかという点も含め)なので、発行を検討する段階からアドバイスできる司法書士が多くはないのだろう。

実際、筆者のところにセカンドオピニオンに来た企業では、税理士に紹介されて別の司法書士に相談したところ、その司法書士事務所では、「ストック・オプションといえばこの内容!」と事務所の定型スタイルを押し付けているようで、それ以外では受任しないそうである。それでは依頼者の満足を得ることは難しいだろう。しかも、金額は明かせないが、筆者と同じ報酬額だった(笑)。

上場を目指したり、VCから出資を受けたりするベンチャー企業の場合には、新株予約権や種類株式の発行が頻繁に起こる。資本政策(※12)の中で、一定の時期に何度か発行することが予定されているからだ。

例えば、VCに対して発行する株式を議決権制限株式、配当優先株式、取得請求権付株

※12　上場を目指す企業の資金調達・株主の議決権割合を定めた上場までの資本スケジュールのこと。

式(※13)を組み合わせた種類株式にしてみたり、従業員・役員に対してストック・オプション目的で新株予約権を発行してみたりなどだ。

もちろん各企業が上場手続について相談している証券会社等から雛形を取得して発行したりすることもあるが、先ほどのケースのように内容が雛形に適さないこともあるだろう。新株予約権の発行要項が税制適格ストック・オプション(※14)の要件を満たしているか？　行使条件は適切か？　組み合わせた種類株式の内容で会社の意図は実現できるか？　などと、法務企画の当初の段階から携わることができれば、これも一つの専門分野といえる。

実際、証券会社等が企業に提供している新株予約権割当契約書の雛形には、末尾に「本書式を使用した個別の文書作成については、弁護士・税理士・公認会計士等の専門家に確認するように」といった趣旨の文言が記載されており、専門家のアドバイスを早期にもらうよう示唆されている。ここにきちんと「司法書士」も明記されていれば、もっと我々のところに企業は積極的に相談に来てくれるのだろうが(笑)、現状はそうはなっていないようなので、我々司法書士の側から企業側に対して積極的な提案やアピールが必要だろう。

また、具体的に登記手続の案件化に至らなくても、企画の初期の段階から上場に関する雑談をしながらアドバイスが可能だと、社長・法務担当者や企業案件を扱っている他士業に対して、企業法務に強い司法書士だと思ってもらいやすい。そうなれば、次また何かあった時にも相談してもらえるだろう。

例えば、証券会社の営業が来る(貴社の事業は将来性がある上場を目指さないか？)➡社長舞い上がる(ついにうちもか！)➡でもそれは初期段階であるなどの注意を促したり、内部統

※13　一定の事由が発生した場合に、株主側から会社に対して、保有株式を買い取るよう請求できる権利が付いた株式のこと。

※14　一定の要件を満たした場合に、権利者に対する課税を新株予約権行使時でなく、株式売却時まで繰り延ばすことができる特例措置(租税特別措置法29条の2)。

制（※15）など今後何が必要となるかなどのアドバイスを司法書士がしていくといった感じだ。

各種規程の整備業務

4つ目は、各種規程の整備業務だ。

司法書士が業務として関わる規程といえば、メインはNo15（151ページ）で解説をした定款だろう。定款は司法書士であれば基本的なものは誰でも作成できる。まあ、先ほども解説した通り定款も奥深く、事業承継分野における種類株式発行等、様々な方面で追求していけば、他の司法書士との差別化は可能だ。

但し、筆者としては、それだけに留まらず、企業に対して、定款をベースに他の規程についても積極的にアドバイスをしていくべきと考える。

例えば、株式取扱規程である。これは株式名義書換に関する条項などを定款から権限を委譲することが可能である。株式の譲渡が頻繁に行われる企業であれば作成が必須だ。

役員規程もある。企業が機関構成を変更し、取締役会や監査役を設置したり、外部役員を招聘したり、執行役員制度や従業員持株会を導入する場合など、企業の体制に応じて各種規程が必要になるだろうし、それらの作成について役員変更登記のついでにアドバイス・提案をすると、また一つ仕事につながることもあるだろう。

裁判業務

5つ目は、裁判業務だ。

※15 組織の業務の適性を確保するための体制を構築していくシステム（会社法362条）。

企業法務・商業登記分野を専門にしている司法書士は筆者だけではないが、企業法務を専門にしている司法書士でも、裁判業務を勧める・得意としている司法書士は多くないと思われる。だが、弁護士の業務を見ていただければわかる通り、裁判業務も企業法務だし、筆者としてはむしろこれを強く勧めたい。司法書士が行うべき企業法務は商業登記業務と裁判業務の融合であると！

裁判業務の現状や司法書士の代理権の範囲などはNo18（184ページ）で解説するが、司法書士に簡裁訴訟代理権が認められ、その認定を受けているにもかかわらず、宝の持ち腐れにしている司法書士は少なくないだろう。

しかし、筆者としては、簡裁訴訟代理権並びに認定を取得するために得た裁判の知識は、企業法務に活用できると考える。

確かに、企業の売掛金は高額な場合が多い。だが、そもそも裁判書類の作成や本人訴訟支援は高額な請求金額の案件であっても司法書士による対応が可能である。

近年は、クライアント企業自身の経営状態に問題がなくても、その取引先の企業が倒産するケースが多い。その際に売掛金の回収ができなかったとしても、税務上損金として計上するためには回収努力が必要とされている。

したがって、回収の見込みが低くとも訴訟手続や強制執行手続を行う場合もあるだろうし、取引先が破産等の法的倒産手続を実施したのであれば債権者としては破産債権の届出書の提出など法的な事務書類の作成が必要となることも多い。

だが、回収の見込めない案件まで全て弁護士に相談・依頼をしていては、企業の予算的に厳しいという声も多々聞く。そうした場合には社長自身や法務担当者等で処理していくことになろうが、それが当該企業にとって初めての作業であれば慣れないことも多いだろうし、回収の見込みがない案件に対して多大な時間と労力を割くことにもなりかねない。

そこで、日頃、登記手続を依頼している司法書士がそれらの対応やアドバイスも可能ということになれば、企業にとって需要は決して少なくないだろう。報酬面でも一般的には弁護士よりも司法書士の方が低廉である場合が多いからだ。

実際に、筆者も請求金額が最高で7億の支払督促（※16）に関する対応をしたことがある。日頃クライアント企業に裁判業務も対応可能とアピールしておけば、何かの際には思い出してもらえるはずだ。

▼クライアントが上場企業の場合と中小ベンチャー企業の場合

企業法務と商業登記を得意分野にするといっても、クライアントが上場企業の場合と中小ベンチャー企業の場合ではニーズが異なるので、同分野を得意分野にしたいと考えている方は、そのニーズの違いを理解した上で、企業に対して業務提案をしていくことが大事だと思う。

上場企業の場合、既に弁護士等の各種専門家を顧問にしており、企業側の方で、どの専門家に頼むべきかを理解しているケースが多い。そのため、司法書士に求められるものは、純粋に、商業登記＋それに付随した会社法の知識及び実務対応に特化する。

但し、企業側の窓口担当者は、上司や役員、他部署に説明するために、単なる登記手続の結論だけでなく、理論的にどうしてこうなるのか？　という筋道をわかりやすく、かつスピーデ

※16　債権者の申請に基づき、債務者に金銭の支払等をするよう督促する旨の裁判所書記官の処分のこと（民事訴訟法382条）。

ィに説明してもらえることを望んでいるようだ。

したがって、必要に応じて法務企画書のレビューや他部署に説明するためのメール起案等の対応を求められることも少なくない。理論をわかりやすく説明するためには、その理論を理解している必要があるので、高い専門性が必要となる。

一方で、中小ベンチャー企業の場合、明確な法務担当者が社内におらず、一つの問題に対して、そもそもどの専門家に相談・依頼をしていいかが判断できないケースが少なくない。

そのようなケースの場合、まずは我々司法書士が窓口となり、問題点を整理した上で、税理士等適切な専門家へ繋ぐパイプ役となることをお勧めする。無理して全て自分で解決する必要はない。企業側も誰に相談していいかわからないだけなので、適切な相談先にスムーズに繋いであげるだけでも企業からの信頼度が増すことが多い。

18 裁判業務も司法書士のお仕事

裁判所でも活躍しよう!

▼民事・家事・刑事の違いって?

裁判業務を大きく分けると民事、家事、刑事の3つの事件に分けられる。もちろん、企業関係の商事事件など細かく分ければもっと分類が無数にあるが、それも広い意味では民事事件に該当する。

まず、民事事件と刑事事件では何が違うのだろうか？

従来から弁護士を主人公にしたドラマや小説（※1）がたくさんあるので、言葉自体は聞いたことがある人は多いだろう。

簡単に言えば、国家が罪を犯した者を罪に問うのが刑事事件、人と人とが争うのが民事事件だ。

刑事事件は犯罪を取り締まるものなので、警察が介入する。中心となる法律は刑法だ。刑法に規定する社会秩序を乱す行為を刑事事件といい、殺人や放火、詐欺などが該当する。

一方、民事事件は、民法が基本となり、私人や企業間の契約や不法行為に関するものなどが該当する。民事事件には警察が介入しない。

※1 司法書士を主人公にしたものは、ドラマ・小説ともほとんどないのが残念だ。

したがって、友人にお金を貸したのに返してくれないというときに、「許せないので警察に訴えるぞ！」と言っても民事不介入を理由に、警察が介入することは原則としてない。

お金の貸し借りの問題は、貸した人が借りた人に対して金銭の返還を請求することであり、お金を返さない人は民法上は違法なことをしているため、民事事件には該当する。しかし、原則として犯罪にまでは該当しないので、刑事事件には該当しない。

他方で、家事事件とはなんだろうか？　これは、広い意味では民事事件に該当するが、家庭内の紛争など家庭に関する事件のことを特に家事事件という。具体的には、離婚、遺産分割などだ。家事事件は、家族の感情的な対立が背景にあることが多いので、これを解決するためには、法律的な観点からの判断をするばかりでなく、相互の感情的な対立を解消することが求められている。したがって、いきなり訴訟をするのではなく、裁判所を交えた当事者間の話し合いの場である調停手続から行うとの制限があるのも特徴だ。さらには、家庭に関する事件を解決するにあたっては、その性質上、個人のプライバシーに配慮する必要があるだろうし、裁判所が後見的な見地から積極的に関与しているのも大きな特徴の一つだ。民事事件の場合には、弁論主義（※2）といって、当事者の主張を前提として判決を出すなど、家事事件に比べると裁判所の関与度は少ない。

司法書士は、従来から裁判所・検察庁に提出する書類の作成を業務とすることが認められていたので、民事事件、家事事件、刑事事件とも依頼者のために一定の書類を作成する業務を行ってきた。但し、登記業務に比べ、餅は餅屋ということで弁護士に依頼することが一般的とされていたので、これらの裁判書類作成業務に積極的に関与していた司法書士は少数派だろう。

※**2**　主要事実については、当事者による主張がされない限り、裁判所は判決の基礎とすることができないこと。これ以外に自白の拘束力・職権証拠調べの禁止と併せて、弁論主義の3つのテーゼと言う。

大きな転換期となったのが、平成15年4月の簡裁訴訟代理権の認定制度である。認定を取得する必要があるものの、訴訟物(※3)の価額が140万円以下の簡易裁判所に係る事件であれば、弁護士と同様に依頼者の代理人として法廷に出廷することが可能になった。

これは、今まで費用対効果の面から弁護士に依頼せずに本人訴訟で行っていたために裁判所に過度な負担がかかっていた簡易裁判所の民事事件に関し、司法書士がその負担削減の一翼を担うことを期待されて認められた制度である。

▼簡裁訴訟代理権は活用されているのか？

では、簡裁訴訟代理権は充分に活用されているのだろうか？

これは筆者の感覚からすると、Noと言わざるを得ない。実際に相当数の案件を司法書士が担当しているのだろうが、債務整理や過払金返還請求事件にしか活用されていないとの声も少なくない。労働や賃貸トラブルなどの一般民事案件を積極的に行っている司法書士はそれほど多くないというのが筆者の印象だ。

弁護士の場合には、二年も弁護士生活を送れば、知人や同期の弁護士が訴訟・交渉案件の相手方代理人となったりするという話をよく聞くが、司法書士の場合だとそういったケースはほとんどないのではないだろうか。事実、筆者は裁判業務を恒常的に行っているが、相手方の代理人に知人・同期の司法書士が就任したというのは経験がない。

No17(172ページ)でも述べた通り、これでは宝の持ち腐れだろう。

※3　請求金額とほぼ同義。

▼簡裁訴訟代理権を宝の持ち腐れにしないために

では、宝の持ち腐れにしないためには、どのような方法があるだろうか?

簡裁訴訟代理権が活用されない理由の一つに、司法書士側の費用対効果が登記に比べて悪いので、割に合わないということが考えられる。司法書士の場合、代理人となれるのは140万円以下の簡易裁判所に係属する民事事件という制限があるため、訴訟物の価額が高額な民事事件や家事事件、刑事事件全般は代理人として活動することができない。だが、訴訟手続の手間や複雑さというのは、金額の大きさだけで決まるのではない。請求金額が高額であっても、相手方の対応次第ではあっさりと終わる案件もあれば、請求金額が数十万円程度であっても、証人尋問まで行う時間も労力もかかる難解な案件が無数にある。

弁護士の場合には、受任できる案件の内容に制限がないので、利益率が高い案件と低い案件とをそれぞれ受任することができるから、年間を通して考えれば費用対効果としては悪くないということになるそうだ。

しかし、司法書士の場合には、最大でも140万円という制限があるので、司法書士報酬が1件で何十万・何百万円となることはない。書類作成支援であれば制限がないといっても、代理人報酬ほど高額な報酬を頂戴することはできないだろう。

したがって、自身の事務所の経営を考えたとき、どうしても積極的に受任できない・したくないといった考えに至るのではと思われる。その考えを筆者も否定するつもりはない。我々司法書士も自営業者であるから霞を食べて生活をするわけにはいかないからだ。

もちろん、司法書士制度の発展のためには、費用を度外視してでも簡裁訴訟代理権を活用し、実績を残していかなければ、弁護士大増員時代の現在では、活用されない司法書士の簡裁訴訟代理権は剥奪してもいいのではないだろうか？　という方向性に行きかねない。その危惧は至極最もだし、高邁な精神で司法書士制度の発展に寄与されている諸先輩・同業の方々は尊敬に値する。

とはいえ、それはやはり司法書士業界全体から見れば、少数派になってしまうだろう。ビジネスとしても展望がなければ、司法書士業界全体で簡易裁判所の代理権が活用され、裁判所や弁護士がぐうの音も出ないような実績を作ることは困難ではないだろうか。

では、ビジネスとしての展望はないのか？

筆者はそうは思わない。

むしろ、No17（172ページ）で述べた通り、企業法務分野で積極的に活用することにより、一件当たりの利益率は低くても、企業であれば同種案件をたくさん抱えている可能性もあるし、訴訟案件自体で直接の利益とならなくても、こういった訴訟案件で信頼を得ることにより、今度は商業登記や不動産登記案件などにつながることもあるだろう。自分の間口を広げるきっかけになる。

過払金返還請求案件は現在では大幅な減少傾向にある。それに比例して一般民事案件は対応できないがために司法書士の裁判受任件数が激減したのでは意味がない。

しかし、企業案件であっても司法書士に対する潜在的需要は必ずあると筆者は考える。要はそれを依頼者にアピールできるか、また実際にそういった案件が来たときにいつでも対応できるか、ということが大事だろう。

例えば、企業案件といっても、金額が大きいものばかりでもない。消費者に対して商品を販売している企業であれば、一件当たりの単価が低いことが多い。同種案件であれば一件当たりの司法書士報酬が低くても、ある程度主張内容は統一されるので、一件当たりの時間・労力的負担が減る。特に企業が被告側の案件はそういったケースが多いであろう。

ある程度の大企業であっても、請求金額が低ければ弁護士に頼むコストがもったいないと放置されるケースもあり、法務部の担当者が対応に苦慮している場合も多いので、仮に単発の案件であっても、正確かつ迅速に処理することにより、法務部の担当者との関係が密になって、次の相談につながりやすい。

筆者の場合であれば、従業員駐車場に違法駐車がなされていたケースがある。車両撤去土地明渡請求をすることになったが、自動車の場合には土地を占有しているスペースが狭いので、訴訟物の価額が低くなり、管轄自体は簡易裁判所であった。

全国展開をしている大企業からの依頼だったが、最初顧問弁護士に相談したところ、費用が高いというので、1年以上放置されていた。その後知人のコンサルタント経由で筆者のところに相談に来たのが始まりだ。相手方が外国人で行方不明のため、公示送達(※4)で訴訟を行い、最後は強制執行もした。強制執行手続は、原則として地方裁判所に申立てをするので、司法書士に代理権はないが、強制執行であれば訴訟と違い、社長本人が明け渡しに立ち会う必要がなく、担当者を代理人として立ち会わせることも可能だ。そのため、担当者と司法書士が二人三脚で進めていく感じなので、担当者との関係が密になった。その後は、当該企業の商業登記案件や担当者個人の決済案件などの不動産登記案件、遺言書作成案件にまでつながった。裁

※4　相手方を知ることができない場合や、住所・居所がわからない相手方に対し、法的に送達したものとする手続きのこと(民事訴訟法110条)。

判業務だけであれば利益率は高くないが、結果として大きな利益を得ることができた典型例ではないだろうか。

是非、これから司法書士を目指す人には、裁判業務にも積極的に関わってほしいものである。

19 こんなご時世だから、成年後見という仕事は重要！

司法書士が第一人者

▼成年後見って？ 任意後見って？ ～高齢化社会の現実、需要が溢れている

ご存知のように、現在は少子高齢化社会であり、その勢いはこれから加速度的に増してくると言われている。そして、認知症や知的障害、精神障害などの理由で、自身で不動産や預貯金の財産管理ができなくなっている人が増えているという現状だ。

さらには、財産管理だけでなく、介護サービスや老人ホーム等の施設の入所契約の締結、遺産分割協議など自ら行うのが難しい場合もあるだろう。判断能力の低下により、住宅リフォーム詐欺などの悪徳商法のトラブルに遭うケースもある。

このような判断能力の不十分な人を保護する制度として、平成12年4月に成年後見制度がスタートした。介護が必要であれば介護サービスの契約の締結や施設への入所契約、不動産を

保有している人であれば今後の資金作りのための売買契約、悪質商法業者に対する契約の取消し、要介護認定の申請手続など、本人に代わって財産管理や必要に応じて監護に関する様々な法律事務を行うのが成年後見業務である。

なお、成年後見には、既に判断能力が一定程度不十分な人に対して即効性のある対処法として裁判所に申立てをする法定後見と、将来判断能力が不十分になったときに備え、能力が十分なうちに本人と財産管理を依頼する後見人候補者との間で予め公証役場で公正証書による契約を締結しておく任意後見とがある。

法定後見には、判断能力の程度によって、後見、保佐、補助の3類型がある。判断能力が不十分、つまり認知症の進行具合によって、適切な類型(後見が一番重く、補助が一番軽い)を選択することになる。

ちなみに、認知症とは、年齢相応の知的機能が何らかの原因で低下した状態をいう。何らかの原因とは、原因となる疾患を指し、多くの疾患が認知症の原因となる。すなわち認知証とは、特定の疾患を指す病名ではなく、特定の疾患を契機に生じた状態をあらわすものと言われている。原因となる疾患には、アルツハイマー病や脳血管障害など様々なものがある。

他方で、成年後見人となるのは、親族がなる場合が多いが、司法書士や弁護士などの第三者後見人が選任されるケースが増加しており、担い手としては司法書士が最も多い。それは、リーガルサポートの存在が大きかったと思われる。

一人の今後の人生を背負うわけだから、責任の重く、負担も大きい仕事だとは思うが、社会から期待されている魅力ある業務だろう。現在では、登記・訴訟分野と並ぶ司法書士の三本柱の一角を担う業務といっても過言ではない。

リーガルサポートって？

日司連は、成年後見制度がスタートするより前である平成11年12月にリーガルサポートを設立した。現在、司法書士が成年後見業務を行う際には、リーガルサポートに入会して後見事件を受託するケースが多いし、一般的である。家庭裁判所から第三者後見人に指名されるケースは、弁護士や社会福祉士などの専門家の中で、司法書士が一番多いとされている。

司法書士が成年後見業務を行う上では、リーガルサポートの入会は義務ではないが、筆者としては必須だと考える。もちろん、参考にすべき多数の文献もあるし、裁判所に対する申立書の作成などの事務手続は、それらの書籍があれば対応するには困らないかもしれない。

しかし、先ほども述べたように、成年後見業務は、一人の人生を担う重大な業務であり、単なる法律行為をするというよりは感情的な部分を担うことも多い。

そうであれば、一人の判断だけでは結論が出ない問題も多く、周りの司法書士や先輩司法書士に相談するケースは多くなるだろう。そんな時に成年後見業務をする上で監督・フォローをしてくれるリーガルサポートの存在が心のよりどころとなるかもしれない。

また、司法書士が成年後見人の第一人者となれたのは、リーガルサポートの存在が大きいのは言うまでもない。

だが、司法書士一人一人がリーガルサポートに入会せず勝手に成年後見業務をしてしまうことにより、リーガルサポートの活動費が不足して、運営が困難になれば、それは我々司法書士にとって多大なマイナスとなるだろう。そのためにも、成年後見業務をやるのであればリーガルサポートを軽視してはいけないと考える。これから司法書士を目指す人は、成年後見業務を行っていくのであれば、是非リーガルサポートへ入会しよう。

▼成年後見業務の現場

筆者は、企業法務と商業登記を専門・得意分野にしており、かつ案件増加のため成年後見業務を現在行っていない。

そこで、筆者が知人司法書士に聞いたところ、皆一様に、成年後見業務はやりがいがあるし、これから司法書士をしていく上では、欠かせないやるべき業務だとの回答があった。

高齢者のより良い人生の責任を負うわけだから、責任が重い仕事だろう。とてもビジネスと割り切ってできる仕事ではない。

だが、高齢者に残りの人生を自身の希望に沿うよう尊く過ごしてもらうということは、認知症になった後も変わらないし、変わるべきではない。

その一助という言葉だけでは片づけられないほど助力が可能となる成年後見業務に、皆やりがいと誇りを感じているようである。

もちろん、周りの親族との意見が合わないなど、辛い場面も多い。だが、それに余りある使命感と責任感で、成年後見業務を行っている同期、知人、先輩司法書士を見ていると、こんな方々と同じ司法書士でいられる自分も誇りを持って仕事ができる気がする。

筆者は、成年後見業務は片手間できる仕事ではないと思っているので、企業法務分野を中心にしている現在では、ほぼ未開拓の分野であるが、今回の取材を通して、やはり成年後見業務をやるべきだという意識がかなり芽生えてきた。これから司法書士を目指す人にとっても、是非積極的に行うべき業務であることは間違いない。

▼後見制度のこれから〜後見制度支援信託と家族信託

高齢化の進展に伴って成年後見事例が増加している中で、親族後見人等による不正事案(残念ながら司法書士による横領事件なども実際にはあるが、これは我々司法書士の倫理観の問題とリーガルサポートの監督強化として処理していくべき問題であろう)の発生が問題となっており、その対策が必要となってきた。家庭裁判所では、親族後見人による不正行為を未然に防止するための新たなオプションとして、後見制度支援信託を導入することとし、複数の信託銀行等により、平成24年2月から後見制度支援信託の仕組みに沿った信託商品が提供されることとなった。

後見制度支援信託は、本人の財産のうち、日常的な支払をするのに十分な金銭は、預貯金等として親族後見人の管理下に残し、入所施設の毎月の費用や日々の生活に必要な支払を柔軟に行うことができるようにした上で、通常使用しない部分を信託銀行等に信託するものである。

後見制度支援信託を利用する場合、信託契約の締結までは原則として司法書士等の専門家後見人を選任し、専門家が本人の財産状況を基に将来の生活設計に合わせた収支予定表を作成する。そして、当該予定表に必要な財産が後見事務を行う親族後見人の手元に来るような信託条件を設定した後に辞任し、親族後見人に後見事務を引き継ぐスキームが想定されている。

他方で、家庭裁判所や信託銀行を絡ませない対応として、家族信託も注目されており、近年は活用事例が増えていると聞く。

家族信託は、委託者である高齢者などが、受託者となる家族等に、認知症になる前などに財産を託し、管理運用をしてもらうことである。

成年後見制度は、裁判所が絡むため、財産の運用等につき、柔軟な対応をすることが難しいことが少なくないが、家族信託は、高齢者が認知症になる前に、家族との間で締結する契約なので、柔軟な対応が可能となる。相続対策・認知症対策の一環として、最近は家族信託の手法を研究し、得意分野にして、相談者に積極的な提案をする司法書士も増えてきているようだ。

このように、それぞれの信託制度は、我々司法書士が担う場面も多いので、司法書士としてはこれらの制度を深く理解し、状況に応じて積極的に活用していくことになろう。

また、家族信託分野に興味のある方は、司法書士試験合格後、一般社団法人民事信託推進センター(https://civiltrust.com/　以下「信託センター」という)が運営する民事信託士の検定にチャレンジすることも考えられる。

家族信託の業務は、民事信託士の資格が無くとも司法書士であれば問題なく行うことができるが、信託に関連する法令は、司法書士受験時代には学ばないため、実務に就いてから研修や文献等で学ぶ必要がある。

民事信託士になるためには、信託センターが主催する研修プログラムを受講し、その上で民事信託士の検定に合格する必要があるため、信託に関する法令や実務を効率的に学ぶことができると考えられるからだ。

信託センターのホームページを見ると、実際に民事信託士として検定を受けることができるのは、司法書士と弁護士に限っているようなので、司法書士にプラスアルファする資格として、相続・後見業務に力を入れていきたい方は、チャレンジするのも良いと思う。

クレサラ・消費者問題の今後

過払金返還請求事件がなくなっても…

▼グレーゾーン金利がなくなり、今後はどうなる？

債務整理業務とは、消費者金融の普及により、無担保で小口の借金が可能になったことに伴い、生活が破たんする消費者が増加したので、そういった消費者のために、消費者金融に対して可能な範囲での分割弁済の交渉をしたり、任意の支払が困難であれば裁判所に対して破産手続や個人再生手続の申立書類を作成するなどの支援をする業務、いわゆる多重債務問題に関する業務である。

簡裁訴訟代理権が認められるようになり、債務整理業務は、司法書士業界で急速に普及した。特に平成18年1月の最高裁判所の判決(以下「最高裁判決」という)で、貸金業者のみなし弁済の主張が事実上認められなくなったことにより、貸金業者に対して払い過ぎの利息を返還請求するという過払金返還請求の案件が爆発的に増加した。債務整理を専門にしていない筆者であっても、司法書士会主催の相談会に出席すれば、何件かの債務整理・過払金返還請求案件を受任したものである。

そのため、これがビジネスとして成立すると判断した多くの司法書士が参入するようになったことに伴い、簡単な過払金返還請求だけを行い債務整理はしないとか、債務者の無知につけこみ高額な報酬を取るとか、案件数を受けすぎて長期間案件を放置するなどの依頼者と司法書士とのトラブルが急増してしまった。第Ⅰ章の章末コラムに記載した誇大広告の多くも、この過払金返還請求案件を受任したいがための広告だった。

登記案件が中々獲得できないということもあるだろうが、新人合格者が即開業し、過払金返還請求業務を中心に行い、急速に事務所を大きくしていくようなケースも、従前は多く見られた。

しかし、平成18年12月の貸金業法の改正並びに平成22年6月の同法の全面施行により、利息制限法の利率と出資法の利率の差がなくなったため、現在では過払金返還請求を行えるケースが大幅に減ったため、過払金返還請求業務が安易なビジネスとして見込める時代は終焉を迎えている。

だが、債務整理案件の需要がなくなったか?　というとそんなことは全くない。むしろ、総量規制（※1）などの導入により、消費者金融から安易な借入ができなくなったことや長引く不況により就業先から突然解雇されることなどから、真の意味で債務整理を必要としている人は現状でも多数いる。

※1　1社で50万円、又は他社と併せて合わせて100万円を超える貸付を行う場合には、源泉徴収票等の提出を受けることを貸金業者に義務付け、年収等の3分の1を超える貸付を原則として禁止すること（貸金業法13条、13条の2）。

そうしたときに任意整理・破産・個人再生といったその人の生活状況などに合った適切な債務整理メニューの選択、手続事務の支援、生活保護の対応など、幅広い知識が必要となってくるし、これらに対応するためには日々の研鑽と高い専門知識が必要だ。

▼ホームレス支援や生活保護の現場

多重債務問題に積極的に関わっている司法書士の諸先輩方からよく聞く言葉に、「多重債務問題の解決は、生活再建の一つでしかない」がある。これは、人が人として普通の生活ができる環境を得る権利に関する問題である。

債務整理業務をする上では、単に債務者の負債の確認をし、貸金業者との分割弁済の交渉をするだけではない。合意した分割弁済が、実際に履行可能かどうか、継続的な履行を現実のものにするために、家計の見直しをアドバイスすることが多い。事実、債務整理をすることになった人には、借金と自分の現金の区別がついてなく、消費者金融から借入ができなくなった後の生活が具体的にどのようなものになるのかのイメージがついていない人が多いからだ。家計表をつけ、日々の支出を見直し、無駄な出費を減らすようアドバイスを行うだけでも、生活再建が十分可能となるケースが多々ある。債務整理が必要となっても、会社員として勤務しているなど、収入自体は生活するに充分な人も多いからだ。

しかし、昨今では、バブル崩壊、リーマンショックなどから続く長引く不況の影響から、経費削減の大義名分のもと、大幅なリストラや正社員の削減、臨時雇用や派遣社員などを多用することによる人件費カットを大多数の企業が行うようになった。そのため、債務整理の要因が単なる減給に留まらず、職を失って収入がなくなること起因とするケースが非常に多くなった。やむにやまれずホームレスとなってしまう人も後を絶たない。

そのような状況の中、多重債務問題に関する業務は、単なる生活設計の見直しだけでは足りず、貧困問題の解決を要するものへとシフトしてきている。

その最たるものが生活保護の受給であろう。司法書士等の専門家のところに相談に来た段階で、既に借金のために定住できず働きたくても働けない、長期にわたる多重債務状態のために健康を害している、働いても生活できるだけの収入が得られないなどの状況にある人も多い。その場合には、まずは生活保護を受給して、経済的、精神的安定をはかることが一番の対処法といえよう。借金の解決は、そうして生活基盤を作ってからの対応となる。

しかし、生活困窮者が、市役所等の公共機関に実際に生活保護の相談に行くと、国の予算の問題や過剰な不正受給対策からか、市役所等の窓口担当者から「まだお金あるでしょ?」「若いから働けるのでは?」「住所がなくては生活保護は受けられないよ」「親族の援助が受けられるでしょ?」などといった言い訳を述べ、生活困窮者を追い払う、いわゆる水際作戦の実施がなされてしまっている。

そこで、司法書士等の専門家が、生活保護申請に同行支援をし、必要な人には適正に受給ができるようアドバイス、時には窓口担当者とバトルをしつつ、生活困窮者を支援している。

また、ホームレスの現状にある人だと、そもそも司法書士等の専門家に自分から相談に行く術を知らない、もしくは行く気力がないという人も多い。

したがって、司法書士会では専門の委員会を作り、任意団体であるホームレス総合相談ネットワークなどの活動に主体的に参加をし、ホームレス状態にある人への積極的な法的支援や対策の検討を継続して行っている。

これから司法書士として多重債務問題に関わっていこうと思っている人は、表面的な債務整理業務だけをするのではなく、これらの活動に積極的に参加してほしいと思う。

21 これから熱い！ 司法書士のADR分野

司法書士こそADRの第一人者になろう！

▼ADRって？

ADRとは、裁判外紛争解決手続のことである。つまり、裁判所での訴訟手続外での紛争解決方法である。

では、なぜADRが必要なのだろうか？

振り込め詐欺などの不正請求の事例を除けば、人間同士の関わりがないところに紛争はない。紛争はその都度発生するものではなく、継続的な人間関係・細々とした紛争状態の中から、何かの契機によって解決が必要となることが多い。

また、紛争状態になっていたとしても、当事者にとっては解決すべきは当該紛争そのものではなく、相手方に対する感情の方が大きな問題であることも少なくない。

さらには、解決に向けて中立的な第三者に法的判断を委ねたいが、裁判のように公にはしたくないということもあるだろう。

このように紛争といっても様々であり、同種の事例であっても法律に沿って一義的に判断するのでなく、個別の紛争に応じた適切な解決方法を模索することが求められることも少なくない。

それら全てを裁判で解決するのは困難であり、現在注目を浴びているのがADRである。

▼「すてっき」って？

ADRは、平成19年4月に施行された、裁判外紛争解決手続の利用の促進に関する法律（以下、「ADR法」という）に基づき、様々な団体がADR法による認証を受け、実践されている。

令和5年現在で、168の機関が認証を受けており（https://www.moj.go.jp/KANBOU/ADR/jigyousya/ninsyou-index.html）、司法書士関連団体だけでなく、行政書士や土地家屋調査士、社労士等様々な士業団体も認証を受けているようである。内容も交通事故や労働など、テーマを絞ったADR機関もあれば、司法書士会のように、民事紛争全般としているものもあり様々だ。

東京司法書士会では、平成20年12月に東京司法書士会調停センター「すてっき」の認証を受け、活動している。

すてっきは、民事紛争全般を扱っているので、裁判所で行う話し合いを中心に紛争解決を目指す制度である民事調停や家事調停との違いが、同じ司法書士であっても認識していないことが少なくないが、調停を行う場所を選択できることや、時間も夜間、休日でも可能であるなどのメリットがある。

また、調停人が第三者として紛争について事実認定し、解決方法を提示するのではなく、あくまでも当事者の話し合いを解決に向けて促進し、当事者がお互いに理解し、合意に至る道筋をつけるのが、調停人の役割であり、すてっきのコンセプトとのことだ。

そのためには、お互いの話を聴き、自分の話をすることができるような環境を作ることが調停人にとって最も大事なことだ。

すてっきでは、この「聴くこと」についてトレーニングを受けた司法書士が調停人となっている。具体的には、東京司法書士会の調停委員会主催の研修などである。

ADRもすてっきも施行されて大分経過したが、紛争の解決手段として、まだまだ一般の人の認知度が高いとは言えず、これからも改善・進化が必要だろう。

とはいえ、筆者は、次に述べる通り、司法書士はADRの調停人に向いていると考える。また、生活に密着した多くの場面でADRが活用できるだろうから、間違いなく今後も伸びていく・必須となる分野だろう。筆者も企業法務を専門にしているので、未だこの事業の中核には関わることができていないが、今後は積極的に関わることを視野に入れている。是非これから司法書士を目指す人にも、ADR分野・すてっきに着目してほしい。

すてっきの運営に関わっている委員の司法書士に取材したところ、もっと広く一般市民に気軽に利用してもらえるよう、いろいろ模索しているとのことだった。例えば、紛争処理ではなく、紛争のもっと前段階の御用聞き場、カフェ、ミーティングルームのような気軽さを感じてもらえれば、裁判所の調停とは一線を画した意義の高いものになるかもしれない。今後が楽しみだ。

弁護士よりもADRに向いている司法書士の資質

先ほども述べた通り、司法書士は、他の士業に比べ、ADRを担うことに向いていると考える。

ADRの調停人として一般的に必要とされる能力は、①法律の限界を知っている、②法律的に解決した場合を想像できる、③秘密を守ることができる、④論理的思考ができる、⑤合意事項を文書にできる、⑥自分の意見を押し付けない、⑦他人の話をよく聞くことができるの7つと言われている。

①と②は法律の専門家である司法書士であれば言わずもがな備えている。③～⑤は司法書士としてADRに関わらず当然に求められる義務・能力だ。⑥、⑦が調停人にとっては一番重要な資質で、これが士業等の専門家に欠けやすいと言われている部分だ。

しかし、司法書士は、元々相続における遺産分割協議や不動産登記における決済など、どちらか一方当事者の代理人ではなく、全体の場の中立者として参加するケースが多い仕事を主としてきた。

その際には、関係当事者から出る様々な質問などに回答し、場が当事者の話し合い等を中心に円滑に進むよう自然とフォローしてきたという実績がある。

したがって、このような中立性を予め兼ね備えている司法書士こそ、ADRの担い手の中心となるべきと考える。

司法書士会の会務あれこれ

多重会務にはご注意を！

▼様々な分野で実施される司法書士会の業務研修

各地の司法書士会では、登録した会員向けの研修が、様々なテーマで行われている。筆者の所属する東京司法書士会でも様々なテーマの研修が毎週のように行われており、非常に興味深い。先輩司法書士の経験もふまえた実践的研修が、原則として無料で受講できるので非常にお得だ。

また、近年では、会員が受講し易いよう、Ｗｅｂ配信型の研修も多くなっており、好きなタイミングで受講できる研修も多くなっている。

もちろん研修だけで実務を完璧に習得することはできないが、初めてやる業務であっても研修で学んでおけば、ある程度の筋道やおさえるべきポイントがわかるので、安心して業務を遂行することができる。

筆者の場合も、会社法関係の研修を何度か講師として担当させていただいたことがある。また今後も求められれば講師をする予定である。新人や会社法関係の業務に不慣れな人向けに、役立つ研修を心がける所存なので、どこかの研修で筆者の名前を見かけた際には、参加いただければ嬉しい。

東京司法書士会って？

筆者も所属している東京司法書士会は、先の研修を主催したり、会員向けの情報発信をしたりと、東京で登録している司法書士のための組織である。各都道府県に同様の会がある。

東京司法書士会は、総合研修所や委員会など、東京所属の司法書士で組織されている会が多数あり、各業務について先進的な議論をしたり、研修会を主催している。

筆者は、平成29年まで、総合研修所の判例・先例研究室（以下「研究室」という）に所属しており、最後は室長だった。令和5年からは、総合研修所の副所長として、研究室の担当になったので、同研究室の適切な運営のフォローを担っている。研究室は、自分の研究したいテーマの判例や先例で研究を行い、半年かけて研究した成果を年2回ある東京司法書士会の会員向けの研修会で発表する。その際には、自分がアドバイスをもらいたい有名教授や弁護士の意見を聞くことも可能であり、非常に勉強になる。もし、東京司法書士会で何かに所属する際には研究室は非常にお勧めだ。

筆者も、平成24年の初めに、「濫用的会社分割と詐害行為取消権」をテーマに研究発表し、大学時代のゼミの教授と共同発表をしたので、非常に勉強になり、また感慨深いものだった。

司法書士業務をしながら、半年がかりで準備をするのは大変だったが、研修が終わったときの解放感、その後の懇親会での酒の味が最高だったことは言うまでもない。気持ちよくて、まさに何も言えない(笑)。

また、令和4年までは、筆者の得意分野でもある、企業法務研究室に所属していた。

東京司法書士会では研修部や委員会に所属することを会員である司法書士に義務付けてはいない。

そのため、研修部等に所属するためには先輩等からの紹介が一般的であり、油断するといくつもの会に所属することになる。

本人のやる気があれば問題ないし、開業当初は顔を売る意味でもメリットがある。しかし、実務が忙しくなってくると、結構な負担となるだろう。それでも高い意識を持っていくつもの会務を兼務している諸先輩方を見ると頭が下がる思いである。

だが、これは決していい状態とはいえないと思う。実務と会務は別物だという人もいるが、筆者は切っても切り離せない関係だと考える。

東京司法書士会が適切に運営されなければ、我々の業務にも多大な支障を及ぼす。司法書士である以上、他人事ではない。

したがって、会務は誰かがやってくれるさ！　というスタンスではなく、これから司法書士を目指す人には、是非とも会務に積極的に関わってほしいと考える。もちろん時間的な制約を除けばデメリットはない。頼れる諸先輩方の人脈も築けるし、興味ある分野の委員会や研修部であれば、最新の情報が労せず手に入ることになるからだ。

▼東京青年司法書士協議会って？

筆者も所属し、従前は幹事をしていた東京青年司法書士協議会（以下「東京青司協」という）は、東京の司法書士の青年会という任意団体である。任意団体といっても歴史は長く、全国組織である全国青年司法書士協議会や各地の青年会と連携して、貸金業法の改正運動など、消費者向けの活動に多大な実績がある。

基本的には考えるよりやってみようの精神で、組織の決定も細かい書面いらずでスピーディーなので、自身がやりたいと考えている事業を提案し、東京青司協の幹事の承認が得られれば、中心メンバーとして活動できる。

新人向けの研修会や交流会も開催しており、合格したけど右も左もわからない新人司法書士に対して、司法書士とは何か？　何をしていけばいいか？　ブラックな司法書士事務所はどこか（笑）？　など、とても本には書けないような裏話も教えてくれるのも、この東京青司協だ。

東京青司協では、債務整理分野や登記分野、訴訟分野など分野ごとの委員会を設け、より活発な活動をしている。

おそらく、司法書士試験に合格をして、東京司法書士会の新人研修会に参加をすると、東京青司協の会長や幹事から、新人懇親会への誘いや入会の勧誘があるだろう。だが、決して怪しい団体ではない（笑）。むしろ司法書士の仲間や先輩が急速に増えるし、研修だけでは中々聞けない、いろいろな実務の裏話なども聞ける。筆者であれば企業法務や商業登記の実務のノウハウが伝えられるだろう。入会だけではなく、活動に積極的に参加して、幹事になれば、あなたの司法書士人生の未来は開けたも同然だ。

どんな司法書士を目指すべきか？

十人十色の司法書士像

▼目指すべき司法書士像の選択肢

司法書士試験を合格した方であれば、各々自分の目指すべき司法書士像があるだろう。もし、合格直後は目指すべき司法書士像が明確でなかったとしても、実務を長くしているうちに、明確になっていくと思う。

あるべき司法書士像に正解はないが、筆者も当初は同期や先輩と自分を比べたりし、大いにこの点で悩み、かつ迷走したように思う。

筆者は、以下の2種類の区分けで、自分がどちらに重きを置くかを5年前位まで悩んでいた。今後、司法書士試験の受験を考えている方にとっては、合格後の自分をイメージする上での参考になれば幸いである。

①事務所の経営者 or 実務のプロ

筆者は、弁護士事務所に長く所属することで、実務のプロを選択した。今のところ弁護士事務所を辞める予定はない。

独立して事務所経営をする場合、ずっと自分一人だけ又は数人程度のスタッフのみの事務所であればともかく、事務所の規模を拡大することを考えた場合、最も必要となるのは、報酬の発生する案件を永続的に獲得することである。

人件費・事務所の家賃等、事務所規模が大きくなればなるほど、固定額の経費は多額になり、利益を出すためには、固定費以上の案件を獲得する必要がある。

そうなると経営者である自分は、案件を獲得するための営業活動に注力し、司法書士実務からは極力離れる方が、事務所経営としては望ましい形となる。

もちろん、営業活動をする上でも司法書士としての専門知識は必要であるから、法改正等の最新情報にはアンテナを張り、広く知っておく必要がある。

しかし、実際に業務を受任した後は勤務司法書士・実務担当司法書士に業務を担当してもらうことになるので、深い専門知識までは経営者は不要だと思う。

筆者は、司法書士実務そのものが好きだし、得意分野について掘り下げて研究することも好きなので、事務所経営者になることにはあまり魅力を感じず、実務のプロを目指すことにした。

したがって、現状のように、弁護士事務所の中で、最先端の商業登記実務に触れながら、自由にやらせてもらえる環境を最高と考えている。

とはいえ、筆者は前記理由以外に、営業活動が苦手ということもあったので、事務所経営をすることを考えなかったが、読者の方が、営業活動が得意だし、日本一又は地域一の事務所を作りたいと考えている場合には、なるべく早期に事務所経営者となることをお勧めする。

筆者の同期や後輩でも、司法書士をビジネスの一つとして捉え、早期に独立をするだけでなく、人もどんどん雇い、事務所を全国展開することを目標に行動している方もいる。その方は、実務そのものよりも、人・企業の役に立つ司法書士をもっと世間に知ってもらうため、自分が広告塔となり、全国を飛び回ることを使命としていると言っていた。

もちろん、受任した案件は、信頼できる自分の事務所の勤務司法書士・実務担当司法書士に処理してもらうことが前提となるものの、そのようなスタイルもあり得ると思うし、筆者にはできないことなので、実践されている方を筆者はとても尊敬している。

②司法書士業務全般のゼネラリスト or 特定分野のプロフェッショナル

筆者は、当初ゼネラリストを目指していたが、現在では、商業登記・企業法務のプロフェッショナルとして特化し、それを理想としている。

勿論、全ての司法書士業務を完璧にこなせるのであれば、それも一つの理想形ではあるが、筆者は①で実務のプロを選択し、一人で実務を行うため、対応できる案件量には限界がある。

そのため、収入を安定させつつ、司法書士として高い成長をするためには、特定分野に特化する必要があった。ゼネラリストを標榜し、依頼が来た案件を全て受任していたときは、司法書士登録当初こそやりがいと成長を感じていたが、年が経過するにつれ、忙しさの割には成長が鈍化していると感じるようになった。そこで今では、商業登記・企業法務に特化することで、その分野に関しては、他の司法書士に負けない自信がついたし、ゼネラリスト時代よりも多数の経験ができていると思う。実際に商業登記・企業法務分野以外の相談も少なくないが、そのようなときには信頼できる同職を積極的に紹介するようにしている。その方が、依頼者・自分・紹介を受けた同職、三方にとってメリットがあるのではと感じている。

但し、司法書士として業務をスタートさせた当初の段階から、いきなり専門特化することはお勧めしない。実際に様々な分野の実務に触れてみないと自分が何が得意であるかわからないからだ。筆者も当初は成年後見業務を積極的にやろうとしていたが、所属している弁護士事務所の業務内容もあり、商業登記・企業法務に特化することになった。ただ、当初様々なジャンルの相談対応をしていたことは、相談スキルの向上と色々なことにアンテナを張る気づきの力の向上に役立ったと思っている。

したがって、当初は業務の食わず嫌いをせず、積極的に様々な分野に手を出し、その中で自分が興味を持てる・一生の仕事にできる分野を見つけ、特定分野のプロフェッショナルとなっていくことをお勧めする。

もちろん、ゼネラリストを否定するつもりはない。特に、東京ではなく、地方で開業される方は、地域のニーズがよろず相談所にあるというケースも少なくない。地域密着を理想とする方であれば、その地域の方から来る相談には何でも対応できてこそ信頼を得ることができるであろうから、自ずとゼネラリストが理想となるだろう。

要は、①・②とも、いずれが正解ということはなく、自分が理想とするのがいずれのパターンであるかどうかを常に意識するようにしていると、自分の中で軸ができ、誇りをもって、自分は司法書士であると他人にアピールできるのではと思う。これらの意識をもって実務にあたることをお勧めしたい。

Column CASE 4

私の専門性－M＆A決済って何？

筆者が得意にしている分野にM&Aに関する決済業務がある。M&Aというと上場企業などの大企業が、ある会社を買収するために、M&Aコンサルタントや仲介会社が買収案件の相談を受け、弁護士が法務デューデリジェンス（投資やM&Aなどの取引に際して行われる、対象企業や不動産・金融商品などの資産の調査活動のこと）や買収に関する契約書等法的書面のドラフトを行い、公認会計士が財務デューデリジェンスを行い、社会保険労務士が対象会社の従業員の雇用や社会保険関係の調整を行い、法務部の社員が契約書面の締結準備や最終チェックなどを行うのが通例であろうから、司法書士が関与する隙がないように思われる人は多いだろう。昨今のM&Aは、事業譲渡や株式譲渡で行われることが多く、合併や会社分割のように登記が不要な形式で行われることも多いからだ。筆者も10年以上前にある企業のM&A案件に携わるまではそう思っていた。

しかし、ある企業をM&Aにて買収する場合、当該企業の役員や事業目的などを、自社親会社のスタイルに合わせる必要がある。その際には、目的変更登記や役員変更登記、定款変更や議事録の作成が必要になってくる。通常、これらの分野は弁護士が担当せず、M&A後しばらくしてから法務部で処理するか、付き合いのある司法書士に相談することが多いようである。

それでも買収自体は実行されているので、大きな問題は起きないかもしれない。

とはいえ、無用なトラブルの元になりかねないので、買収後速やかに、できれば買収と同時に従前の経営陣には退任してもらうとともに、定款変更等所要の変更登記手続もすませておくのが企業にとって好ましいだろう。

だが、法務部の職員はM&Aに至るまでに様々な法務対応を迫られ、スケジュールもタイトなので、議事録や登記など、直接M&Aの契約に絡まない事項までは手が回らないのが実情だ。これは、M&Aというトップシークレット案件だと、現実に買収が決まり、実行日の直前まで、一部の役員しか細かい事情を知らず、マンパワーを割いての事前準備をすることができないからだ。

そこで、筆者であれば企業法務の専門家として、役員変更登記や目的変更登記などの対応はもちろん、株式譲渡に関する法務書類や契約書などもフォローすることが可能なので、助かると法務担当者から言われることが多い。

さらには、不動産の承継もあれば、併せて不動産登記の決済まで行うことが可能だ。その際にはM&Aに関する株式譲渡契約書の締結も併せて行うことが多く、辞任届や株主総会議事録など登記に関する書面の捺印も行い、書類が問題なければ、買収資金の振込に筆者がGoサインを出す。これを筆者はM&Aの決済と呼んでいる。

これは何も上場企業だけでなく、成長著しいベンチャー企業など、買収を検討しているどのステージの会社でも起こりうる話である。筆者は今後も多数の企業からM&A決済に関する業務を受注したいと考えている。もし、本書をご覧いただいた法務部担当者がいたら、気軽に相談いただきたい。

第5章 司法書士の私生活
［休みはいつあるの？］

サラリーマンではない司法書士は毎日が営業日!?

寝ても覚めても司法書士

▼ある意味土日も休日もない…

司法書士は自営業である。勤務時代はサラリーマンに近いだろうが、独立開業をすれば、自分が所長なので、一番偉い立場だ。

サラリーマンであれば、土日など決まった休みがあるのが普通だ。今だと、ノー残業デーを平日に設け、特定の曜日は残業をさせないようにしている企業も多い。

まあ、実際にはノー残業デーでも仕事が終わらず、自宅に持ち帰って仕事をしている人も多かったり、休日や残業代など何それ？　みたいなブラック企業で働くサラリーマンもいるだろうが、それは話の趣旨が変わるので、置いておく。あくまで普通の優良企業で働くサラリーマンとの比較で考えてみる。

司法書士の場合は、自分が所長なので、休みを決めるのも原則自分だ。なので、取ろうと思えば、突然明日を休みにしてみたり、1週間、1か月単位で休みで取ることも可能だ。

こう聞くと、羨ましいと思う読者は多いかもしれないし、実際休みの自由度を求めて司法書士などの士業を目指す人は少なくないと思う。

だが、現実はこれと異なると言わざるを得ないだろう。

筆者の場合は、フォーサイト総合法律事務所に所属しているので、休暇のシステムはフォーサイト総合法律事務所の勤務形態によるところもあるため、厳密には一人事務所とは異なる。しかし、事務所にいる司法書士は筆者一人だし、収入をUPさせるためには司法書士業務の営業を筆者が個人的に行う必要があるので、仕事の裁量の程度は一人事務所とあまり変わらない。

そんな筆者の実感だが、よほど強い意志を持って休まない限り、平日も土日も関係がないように思う。平日に休むのは非常に稀だ。

というのも、良くも悪くもこの仕事は依頼者のスケジュールに左右されるからだ。どんな仕事でも当たり前といえば当たり前なのかもしれない。だが、多くの企業の場合、自分一人が休んだとしても、誰かしらがその業務を進めてくれたり、フォローをしてくれるだろう。

しかし、筆者の場合、司法書士は事務所に一人なので、筆者が休暇を取った場合には、その分業務の進行が滞る。休暇中に新案件の依頼が来た場合には、休み明けまで着手できなくなる。

そうすると、スケジュールがタイトな案件の依頼があった場合には、平日は深夜まで、土日も関係なく対応に追われることは珍しくない。休暇中に対応が必要であれば、休暇を返上してでも対応する必要がある。もちろん、依頼をたくさん頂戴できることはありがたい話なので、嬉しい悲鳴なわけだが。

司法書士の業務内容は第4章で述べた通りだが、どれも専門性が高く、スケジュールがタイトな案件も多い。また、トラブルになっている案件であれば、実際には我々専門家の目から見れば多少時間を置いても問題なさそうな内容であっても、依頼者からすれば専門家に早期に対応してもらい、気持ちを安心させたいなどの意向がある。さらには、M&A案件など、どんなにスケジュールがタイトな案件であっても、そのスケジュールに間に合わなければ、企業にとって多大な損害となったり、担当者が社長等の上司から信頼を失いかねない案件も少なくない。

そのため、依頼者の意を汲み、自分の私事のスケジュールを後回しにしても、案件の対応をするという柔軟性が必要である。

事実、本書の第一版を執筆しているとき、筆者は夏季休暇だったのだが、その日の夕方に依頼者から急な電話があり、その日中に対応しなければならなかったので、休暇を返上して事務所に行き、深夜に案件の処理をした。こんなことも珍しいことではない。現在でもそのようなケースは年に何回かはある。

もちろん、そのような急な対応を難なく処理できた場合には、自分の中で達成感がすごくあるし、気持ちがいい。何より依頼者から多大な感謝をしてもらえるので、喜びもひとしおだ。この喜びを得るために、司法書士をしているといっても過言ではない。

さらには、急な案件を対応することにより、依頼者からの信頼も増すだろうから、次の案件や別の依頼者の紹介などにつながりやすく、良いことも多い。

したがって、司法書士もサービス業であるので、「お客様が神様」というのは言い過ぎだと思うが、「お客様のために全力を尽くす」という精神を持つ必要がある。「センセイ」と呼ばれる職業だからと、こちらの都合で全ての物ごとを決め、依頼者の意向やスケジュールを無視していては、依頼者からの信頼を失くすだろうし、次の依頼も来ないだろう。これが長期間案件放置ということになれば、任務懈怠ということで懲戒事由にも該当するので、注意しなければならない。

休みが自由に取れて、先生と呼ばれて偉そうにしたいから！　という理由で司法書士を目指すのは辞めるべきである。

休日も仕事の幅を広げるための人脈作り

人脈は財産

▼研修・交流会・講師、本業以外でもいろいろ

急な案件対応もなく、完全な休日となる日は珍しい。

まず、我々司法書士の実務は独学で全てを学ぶのが難しい。司法書士会が開催する研修に出席するなどの方法で、経験者の経験から学び取れることが非常に多い。文献にも書いてないことがたくさんあるからだ。新人研修だけで全てフォローすることは無理なので、新人時代だけでなく、ベテランになってからでも恒常的に様々な研修に出席すべきだ。そのため、新しい知識を仕入れるために、研修に参加する必要があるのだ。

この研修、平日の夜や土日に開催されることがほとんどである。特に大規模の研修は土日に開催されることが多い。講師のスケジュールもあろうが、多くの会員が参加しやすいとの配慮からだ。そのため研修で半日・一日休暇がなくなることも珍しくない。

但し近年は、オンライン型の研修が増えたので、自宅から研修に参加できる場合も多く、筆者が司法書士登録をした頃に比べると、研修に参加し易くなっているので、安心されたい。

また、案件を獲得するための営業活動も休日を活用することが多い。異業種交流会などの人脈開拓のための場も土日に開催されることが多いから、やはり休日に参加する機会が多くなるであろう。また新規の場でなくとも、依頼者と親睦のためにゴルフをしたり、バーベキューをしたりなども土日だろう。同期との情報交換や愚痴を言い合うための飲み会なども平日夜か土日が中心だ。まあ、これは仕事というか息抜きだが(笑)。

これに加え、筆者の場合であれば、セミナーや研修講師のレジュメ準備・本書のような書籍、雑誌の執筆もあり、これはまとまった時間が必要になるので、他の仕事の対応に追われない土日に自宅でやることが多い。本書を書いているときもそうだ(笑)。家族の寝顔を見ながら書いている。

そうすると、休暇中も常に何かの案件のことを考えていることになり、メリハリをつけるのが難しい。これは永遠の悩みである。

独身だとそこまで気にしなくてもいいかもしれないが、家族がいるとそうもいかない。休暇・休日も仕事をしていては、その分家族との時間を犠牲にしていることになる。

この手のことはキリがないといえばキリがない。本業がそれほど忙しくなくとも、会務や営業のための交流会・研修などその気になれば一年３６５日何かしら仕事関係の予定を入れることが可能だ。筆者も10年以上前はそんな状態で、予備校の講師などあれもこれもと受託していたら、その分収入はよかったが、休日も全くない状態の一年だった。現在では、専門性を確立し、特に営業活動をしなくとも、十分な収入が得られるだけの仕事のルートが確保できているので、土日に事務所で仕事をしたり、営業活動のための交流会に参加することは、ほどんどなくなった。

しかし、開業当初は、ある程度仕事中心の生活になるのはやむを得ないだろう。

とはいえ、そんな状態では、実際の業務にも支障が出てしまうかもしれない。案件を獲得するための営業活動ももちろん大事だが、自己の体調管理・家庭生活もふまえたスケジュール管理も同じくらい大事だ。

休日返上!?

更なる資格取得も…

▼他士業で持っておくと有利な資格

司法書士だけでも業務の幅はかなり広いが、他の資格を取得することによって、より幅広い業務を行うことも考えられるし、メリットがある。

筆者の場合は、現在、司法書士以外に行政書士の登録をしている。

筆者の専門分野は企業法務なので、商業登記に付随して、許認可取得や監督官庁に対する届出業務が発生する場合がある。

例えば、単なる役員変更であっても、建設業者であれば建設業法に基づく役員届出や経営業務の管理責任者変更届出を東京都庁の建設業課へ行う必要がある場合が多々ある。そのような案件を筆者であれば一括して受任することが可能なので、依頼者にとっても筆者にとってもメリットがある。企業だけでなく、ＮＰＯ法人や学校法人など各種法人であれば、登記手続よりも設立等に伴う監督官庁の許認可取得手続の方がメインであるため、行政書士業務の需要は多い。渉外業務を行っている人であれば、外国人の入国管理業務も行政書士業務だ。

また、同じ登記業務を行う土地家屋調査士を取得すれば、不動産に関してはかなりアドバンテージがある。

社会保険労務士であれば、企業法務＋労務管理までアドバイスができる。

税理士であれば、税務関係までアドバイスができるので、これはかなり大きなメリットだ。

但し、これらは、司法書士と同様に国家資格であるため、資格を取得するためにはハードルが高い試験を突破する必要がある。そのため、司法書士業務をやりながら目指すためには、休日返上で勉強することになるだろうから、家族の理解と、高い目的意識を持って目指す必要がある。

まあ、この手の話は、予備校でも推奨していることで、良く聞く話かもしれない。

筆者としては、そこまでの資格を目指さなくても、趣味にも活かせそうな資格を何か取得してもいいと考える。

例えば、カラーコーディネーターとか、ドックライフカウンセラーとかでもいいだろう。

いわゆる、その手の業界の人が集まりそうな資格を趣味で取得し、その業界団体に参加すれば、何かしら法的なトラブルが発生する可能性がある。

そうしたときに本業である司法書士をアピールすれば、仕事につながることもある。

これは何も自分で取得しなくても、家族に取得してもらってもいいかもしれない。

27 それでもやっぱりお休みは大事

司法書士だって人間だ

▼休日や家族との過ごし方

先ほどまで、休日を返上する話ばかり述べてきたが、司法書士も人間なので、休みがないのは無理だ。家族がいる人ならばなおさらだ。

筆者の場合には、妻と娘が二人（本書第一版執筆時点で5歳と1歳。第二版時は10歳と7歳。第三版時は16歳と12歳）いるので、次女が中学生になるまでは、子育てに手がかかっていた。

また、妻と共働きなので、妻だけに子育ての負担を負わせるわけにはいかない。

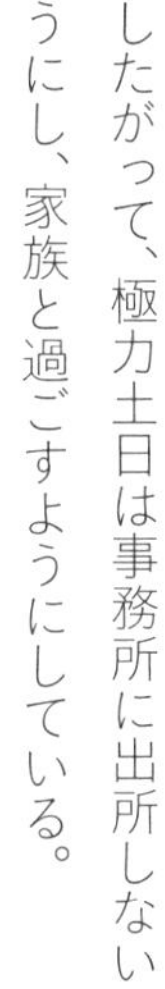

したがって、極力土日は事務所に出所しないようにし、家族と過ごすようにしている。

純粋なリフレッシュとまではいかないかもしれないが、子供はかわいいので、子供が小さいときは、子供と一緒にいろいろなところへ出掛けるようにしていた。

第三版時の現在では、娘は高校生と中学生になったので、大分手がかからなくなった。そのため休日に自分の時間がとれるようになったので、何か新しい資格でも取得しようか思案中である。

他方で、夏休みも一週間全て休むことは無理なので、平日3日間の休みを8月中に2回取り、土日とつなげて5連休を2回作るようにしている。海外旅行などは無理かもしれないが、国内でいろいろ行くには、夏休みを2回取ったような感覚になり、意外とお勧めだ。

半分仕事に活かせるような趣味もいいだろう。

例えば筆者の場合はテニスだが、テニスをするためには人数がいる。そのため、テニス友達ができることになるが、この友人からも積極的に営業しなくとも何かあれば相談して案件につながることもある。テニスをしているだけで楽しいわけで、仕事は全く考えていないが、それが結果として仕事につながるとなれば一石二鳥だ。

司法書士と結婚事情

婚期を逃しやすい？

▼夫婦で士業（司法書士）ってどうか？

個人的には、夫婦で司法書士はお勧めしない。筆者の妻は、同じ法学部なので、当時は別の資格試験を勉強していたりした。だが、それが司法書士であれば止めるつもりだった(笑)。

司法書士同士であればお互いに情報交換が可能だが、それは同期との間でもできるし、むしろライバル関係になりかねず、仕事上の戦いが、家庭にまで影響しかねない。また、夫婦で同じ職業というのは子供にとってかなりプレッシャーだろう。両親とも司法書士だから、自分も目指さなければ……ということがプレッシャーになれば、教育上決してお勧めできることではない。

また、夫婦で司法書士・士業の場合に共通することだが、同じ事務所を共同経営することもお勧めしない。

夫婦で24時間一緒というのはお互いどうなのだろうか。

仲の良し悪しにかかわらず、世界が狭くなるような気がする。

また、経営が良いときはいいが、悪くなるとお互い共倒れとなりかねない。もちろんうまくいっている例もたくさんあるのだが……。

個人的には、自分が司法書士であれば、相手は一般企業の会社員や公務員がいいと思う。知人の司法書士に取材したところ、大多数の回答も同じだった。

自分と全く違う世界で働く人の話は非常に面白いし、勉強になる。また、司法書士に比べれば育児休暇などの福利厚生や社会保険制度も充実しているので、額面の収入だけではないメリットが意外に多いのでお勧めだ。

これから結婚相手を探す人は参考にされてはどうだろうか(笑)。

▼士業(司法書士)は独身者が多い？

筆者は、妻とは大学時代の同級生だ。しかも23歳で結婚したので、友人に比べると結婚はかなり早かった。

士業は企業に比べ職場のコミュニティが狭いので、同じ職場で結婚相手を見つけるのは結構ハードルが高い。

そうなると、外に探しに行く必要がある。

合コンとかが好きな人は問題ないだろうが、内向的な人だと結婚相手を探すのには苦労するようだ。

筆者の場合は、学生時代に司法書士の試験勉強をしていたときに、ろくに相手もできなかったにもかかわらず、支えてくれたということもあり、妻と結婚することを決めた。

今、大学生で司法書士試験の勉強を考えている人がいるならば、彼女は切り捨てず、大事にしてはどうだろうか(笑)。

Column CASE 5

育児が司法書士業に活きたこと

筆者は料理などの家事ができない。せいぜいゴミ捨てとか洗い物、風呂トイレ掃除等を土日にやる程度だ。なので、家庭では、育児を積極的にするように心がけている。当初は妻から何もやっていないのにエラそうにするなとよく言われたが(泣)。

ずっと共働きなので、娘二人は、当時保育園に通い、小学校の時は、学童に通っていた。

筆者は、平日の夜は仕事が遅いので、保育園の時は朝の送りを主に担当していた。小学校の時は、学校への送りはなくなったが、朝娘が忘れ物をした際に学校まで届けられるよう、娘二人が学校に行くまでは自宅にいるようにしていた。

また、娘二人の中学校受験の伴走として、塾の迎えだけでなく、日々の勉強計画や学習のチェック、塾のテストの解き直しのフォローなどをしていた。

いずれも体力的・精神的にかなり大変だった時期もあったが、今では育児に極力参加して良かったと思っている。

その最大の理由は、子供がいなかった時に比べ、公私ともにスケジュールにメリハリがついたことだ。

プライベートの予定は、自分のことだけであれば、いくら後回しにしても困ることがほとんどない。一方で子供の予定・都合は待ってはくれないので、その分仕事とのスケジュール調整やタスク管理が非常に重要になる。仕事を理由に子供のことを後回しにすることができないからであり、当然家族を理由に仕事の納期を延ばすこともできないからだ。

そのため、週1回、平日に残業せずに帰宅するために、その日は打ち合わせを入れない・仕事の納期を前倒しで進める・納期の調整を仕事の着手時にする等が自然とできるようになり、結果として、仕事の進め方も大分スムーズになったと思う。娘二人が今では大分大きくなったので、当時と比べ、娘の世話のために仕事を切り上げなければならないケースは大分減ったが、仕事を前倒しで進めるクセなどは、今も大切にしている仕事の進め方の1つである。

今後も、このスタイルを崩さぬよう、家庭も仕事も二兎追って、二兎とも得るために努力していきたい。司法書士は本人のやり方次第でそれができる資格だと感じている。

エピローグ

司法書士の仲間たち

司法書士には、温和でいい人が多い。いつもギラギラしてそうなビジネスマン風の人は少ない。やっかいなトラブル案件に巻き込まれても、決して怒らず、当事者の気持ちを理解して、中立の立場を求められることが多いからだろうか。それとも非常に細かくマニアックな内容を問われる試験であるため、自然とそういう人が合格しやすいからであろうか。

▼愛すべき同期

同じ時期に司法書士試験に合格したからだろうか、毎日飲んで一生の思い出となった新人研修を共にしたからだろうか、同期の司法書士というだけで、ずっと昔から親友だったという感覚に陥る。

企業と違い、同期といっても同じ場所で仕事をすることはほとんどない。縁があって一緒に開業したとか、大規模事務所にたまたま一緒に入所したとか、司法書士会の会務が一緒とかでもなければ、同期で一緒に仕事をすることはないだろう。

同期同士の飲み会も、皆忙しいからか、年々回数が減ってくる。少人数ならともかく、多数の同期が集まるような大規模のものとなると、平成24年に開催された以降は、開催されていない。

それでも、同期はやっぱり同期だ。

たとえ、一緒に仕事をすることがなくても、会う回数が減っても、同期というだけで仲間意識は非常に強いものだ。それは決して筆者だけではないだろう。

雑誌や研修講師、先輩からのあの司法書士は凄いなどのうわさ話で同期の名前を見かけたり、話を聞いたりすると、自分のことのように何か嬉しい気持ちになる。

他の士業だとどうだろうか。弁護士も司法研修所の同期はやはり同じような感覚になるという話を聞くが、それ以外にここまで同期と仲間意識の強い士業はないかもしれない。

同期は、一生大事にしたい仲間である。いつか、我々世代が司法書士会の中核を担う年代になったら、全国の同期の力を結束し、司法書士業界全体を盛り上げるようなプロジェクトをやりたいものだ。今からそんな妄想をしているだけでも楽しくなってくる。

▼かわいい後輩

毎年、司法書士試験の合格者が一定数輩出される。世代はバラバラなので、年はもちろん筆者より上の人も多数いるわけだが、司法書士の世界では、後輩だ。

司法書士は、その人柄からか、後輩に対して面倒見がいい人が多い。筆者もそのつもりだ(笑)。

司法書士の後輩というだけで、質問されれば、あれも大丈夫か？　これも大丈夫か？　と聞かれてもいない後輩の仕事が心配になり、アドバイスしたくなる。

司法書士事務所は小規模のところが多いし、筆者のように一人で開業している人も多いので、事務所に毎年後輩が入ってくることは稀だ。

だが、新人研修の講師や司法書士会の会務など、後輩司法書士と接する機会は多い。

同期に気のいい人が多いように、後輩も気のいい人が多い。年上とか年下とかそういうのは関係なく友達になれたり、いい先輩後輩関係が築けたりする。

なので、これから司法書士を目指す人も、安心して司法書士を目指して欲しい。そして、合格した暁には、是非一緒に司法書士会を盛り上げるために、会務などを積極的にやろう(笑)。

▼尊敬すべき先輩

もちろん先輩も面倒見が良く、気のいい人ばかりだ。自分が通ってきた道だからだろうか。皆一様に後輩指導には熱心だ。酔っ払うと、あるべき司法書士像やこれからの司法書士業界について、熱く語りすぎて、話が長い人が多いのがたまに傷だが、それもご愛嬌だろう。

いい人すぎて、先輩の頼みを断るのを恐縮してしまい、いつの間にか司法書士会の会務をたくさんやることになってしまっているのが危険だが(笑)。

自分のことだけでなく、これからの若い人たちのために、司法書士制度の発展を祈念し、そのために尽力を惜しまない人が非常に多い。

筆者が聞いた話では、あるご年配の司法書士が、研修会の懇親会の場で、

「私は今まで司法書士として業務をやらせていただき、まがりなりにも娘を不自由なく育て、自分も生活することができた。これは司法書士制度のおかげであると考えている。ついては、司法書士制度の発展のために、リーガルサポートに寄附したい」

という発言をして、寄附したそうである。これを聞いた時、筆者は非常に感銘を受けた。

引退後は悠々自適に自分のためだけに暮らしていけばいいと思うのだが、司法書士業界の大御所ではない一地方の司法書士からこういう発言が出るのは本当に素晴らしいことだと思う。

司法書士業界も競争の荒波にさらされつつあり、同業とはいえライバル、悪く言えば敵となってしまう時代に入りつつあるかもしれない。だが、他の士業であればいざ知らず、こんな気のいい人たちが多い司法書士業界がそんなギスギスした世界になってほしくないし、ならないのでは？　と思う。

同業者で限られたパイを食べ合うのではなく、一般の人や企業、他士業から司法書士って凄い、司法書士に頼めば安心だ、この困難な案件は司法書士じゃなくてはね、と認知されるよう、業界全体を盛り上げていければと思うし、これからも会務等に関わることで筆者はそれを実践していくつもりだ。

本書を読まれた方も、司法書士業界全体を盛り上げる一員として、是非司法書士の仲間になってみないか？

我々は、いつでもあなたの仲間入りを待っている。

●著者紹介

大越　一毅（おおこし　かずき）

司法書士・行政書士　士業・法務担当者のための登記パートナー
1981年千葉県生まれ埼玉県育ち　2002年司法書士試験合格
2003年法政大学法学部法律学科卒業
2006年司法書士登録　2011年行政書士登録
都内司法書士事務所に勤務後、弁護士法人内で司法書士登録をし、2011年フォーサイト総合法律事務所の立ち上げに参画。法務事務のアウトソーシングをウリに、多数の企業に対し、ストックオプション・合併等の組織再編・会社設立などの各種商業登記、株主総会準備など会社法関連の法的支援業務を行い、企業・法務担当者・他士業から高い評価を得ている。また、濫用的会社分割等の会社法・民法（債権法）改正などをテーマにした論稿の執筆・セミナー、研修講師も多数行っている。著書に「会社法のツボとコツがゼッタイにわかる本［第2版］」（当社刊）がある。

- **所属事務所**
  フォーサイト総合法律事務所　https://www.foresight-law.gr.jp/
- **メールアドレス**
  okoshi@foresight-law.gr.jp

●イラスト
mammoth.

司法書士の「お仕事」と「正体」が
よ〜くわかる本［第3版］

発行日　2024年　2月 10日　　第1版第1刷

著　者　大越　一毅

発行者　斉藤　和邦
発行所　株式会社　秀和システム
〒135-0016
東京都江東区東陽2-4-2　新宮ビル2F
Tel 03-6264-3105（販売）Fax 03-6264-3094
印刷所　三松堂印刷株式会社　Printed in Japan

ISBN978-4-7980-7118-3 C0036